Dr. Džerok Li

Vera je tvrdo pouzdanje u ono čemu se nadamo

URIM BOOKS

*„Vera je tvrdo pouzdanje u ono čemu se nadamo,
dokaz stvari koje ne vidimo. Jer u njoj stari dobiše svedočanstvo.
Verom poznajemo da je svet rečju Božjom svršen,
da je sve što vidimo iz ništa postalo."
(Poslanica Jevrejima 11:1-6)*

Vera je tvrdo pouzdanje u ono čemu se nadamo
Vera autor Dr. Džerok Li
Objavile Urim knjige (Predstavnik: Johnny. H.kim)
235-3, Guro-dong3, Guro-gu, Seul, Koreja
www.urimbook.com

Sva prava su zadržana. Ova knjiga ili njeni pojedini delovi ne smeju biti reprodukovani u bilo kojoj formi, ili biti smešteni u bilo kom renta sistemu, ili biti transmitovana bilo kojim načinom, elektronski, mehanički, fotokopiranjem, snimanjem ili slično, bez prethodnog pismenog ovlašćenja izdavača.

Ukoliko nije drukčije navedeno, svi Biblijski navodi uzeti su iz Svetog Pisma, NOVA AMERIČKA STANDARDNA BIBLIJA, ®, Autorska Prava© 1960, 1962, 1963, 1968, 1971, 1972, 1973, 1975, 1977, 1995 od strane The Lockman Foundation. Korišćeno uz dozvolu.

Autorska prava © 2009 od strane dr. Džerok Lija
ISBN: 979-11-263-1162-0 03230
Prevodilačka Autorska Prava © 2008, dr. Ester K. Čung (Dr. Esther K. Chung). Korišćeno uz dozvolu.

Prethodno objavila na korejskom jeziku Urim knjige u 1990.g.

Prvo izdanje, jun 2008.g.

Uredio dr. Geumsun Vin
Dizajnirao urednički biro Urim Books
Za više informacija kontaktirati na urimbook@hotmail.com

Predgovor

Iznad svega, ja dajem svu zahvalnost i slavu Bogu Ocu koji nas je vodio da izdamo ovu knjigu.

Bog, koji je Ljubav, poslao je Njegovog jedinorodnog Sina, Isusa Hrista, kao žrtvu iskupljenja za čovečanstvo koje je bilo osuđeno na smrt zbog njihovog greha neposlušnosti Adama i koji je otvorio put spasenja za nas. Sa verom u ovu činjenicu, svakome ko otvori svoje srce i prihvati Isusa Hrista kao svog Spasitelja će biti oprošteno od njegovih grehova, dobiće dar Svetog Duha i biće prepoznat od Njega kao dete Božje. Šta više, kao dete Božje on ima pravo da dobije odgovore na sve što traži sa verom. Rezultat je život u izobilju bez nedostataka i on će imati mogućnost da trijumfalno prevaziđe svet.

Biblija nam govori da su očevi vere verovali u Božju moć da stvore nešto od ničega. Oni su mogli da iskuse neverovatna dela Božja. Naš Bog je isti juče, danas i sutra i sa Njegovom svemogućom moći On i dalje izvodi ista dela za one koji veruju i praktikuju reč Božju zapisanu u Bibliji.

U mojoj službi u protekloj deceniji, ja sam bio svedok brojnim članovima Manmina koji su dobijali odgovore i rešenja na različite probleme koje su imali dok su patili u svojim životima verujući i povinujući se rečima istine i oni su mogli da daju veliku slavu Bogu. Kada su verovali u reč Božju koja kaže: „Nebesko carstvo na silu se uzima i siledžije dobijaju ga" (Jevanđelje po Mateju 11:12) i dok su se znojili i molili i praktikovali reč Božju kako bi posedovali veću veru, oni su meni izgledali mnogo dragocenije i lepše od bilo čega drugoga.

Ovo delo je za one koji željno žele da vode pobedničke živote dok poseduju iskrenu veru da slave Boga, prenose ljubav Božju i šire jevanđelje Gospoda. U poslednje dve decenije ja sam propovedao toliko mnogo poruka zvanih „Vera" i kroz izbor među njima i kroz njihovo uredno sređivanje, ova knjiga je dobila mogućnost da se odštampa. Ja želim da ovo delo, Vera: Vera je tvrdo pouzdanje u ono čemu se nadamo odigra ulogu svetionika koje će biti vodič ka iskrenoj veri brojnim dušama.

Vetar duva gde poželi i nevidljiv je za naše oči. Ipak, kada vidimo lišće na drveću kako se njiše na vetru, mi možemo da osetimo stvarnost vetra. Na isti način, iako niste u mogućnosti da stvarno vidite Boga golim okom, Bog je živ i zaista postoji. Zbog toga u skladu sa vašom verom u Njega, do bilo kog stepena da želite, vi ćete moći da Njega vidite, Njega čujete i osetite Njegovu prisutnost i Njega iskusite.

Džerok Li

Sadržaj

Predgovor

Poglavlje 1
Telesna vera i duhovna vera   · 1

Poglavlje 2
Telesno mudrovanje neprijateljstvo je Bogu   · 13

Poglavlje 3
Uništi sve vrste misli i teorija   · 29

Poglavlje 4
Posej seme vere   · 43

Poglavlje 5
„Ako možeš?" Sve stvari su moguće! · 57

Poglavlje 6
Danilo se oslanjao jedino na Boga · 71

Poglavlje 7
Bog daje unapred · 85

Poglavlje 1

Telesna vera i duhovna vera

Poslanica Jevrejima 11:1-3

„Vera je tvrdo pouzdanje u ono čemu se nadamo, dokaz stvari koje ne vidimo. Jer u njoj stari dobiše svedočanstvo. Verom poznajemo da je svet rečju Božjom svršen, da je sve što vidimo iz ništa postalo."

Pastor uživa dok posmatra da njegovo stado poseduje iskrenu veru i slavi Boga sa iskrenom verom. Sa jedne strane, kada neki od njih stvaraju svedoke živoga Boga i svedoče o njihovom životu u Hristu, pastor se može radovati i postati još vatreniji za svoj zadatak dodeljen od strane Boga. Sa druge strane, kada drugi ne uspevaju da dokažu njihovu veru i padnu u iskušenja i nevolje, pastor mora da oseti bol i njegovo srce je u nevolji.

Bez vere, nije samo nemoguće da se ugodi Bogu i da se dobiju Njegovi odgovori na vaše molitve, već je takođe i veoma teško da posedujete nadu za nebesima i da vodite život u veri. Vera je najvažniji temelj u hrišćanskom životu. To je prečica ka spasenju i neophodna potreba za dobijanje odgovora od Boga. U našim vremenima, zato što ljudi nemaju pravu definiciju za veru, mnogi ljudi ne uspevaju da poseduju iskrenu veru. Oni nemaju sigurnost u spasenju. Oni ne hodaju u svetlosti i ne dobijaju Božje odgovore čak iako priznaju svoju veru u Boga.

Vera je dovedena u dve kategorije: Telesna vera i duhovna vera. Ovo prvo poglavlje vam objašnjava o tome šta je iskrena vera i kako možete da dobijete odgovore od Boga i kako da budete vođeni na putu večnog života kroz iskrenu veru.

Telesna vera

Kada vi verujete u ono što ste videli sopstvenim očima i u stvari koje su prihvatljive za vaše znanje i misli, vaša vera je tip pod nazivom „telesna vera." Sa ovom telesnom verom vi možete samo da verujete u one stvari koje su načinjene od stvari koje su vidljive. Na primer, sa ovim vi verujete da je sto napravljen od drveta.

Telesna vera je takođe nazvana „vera kao znanje." Sa ovom telesnom verom, vi verujete samo u ono što je prihvatljivo za vaše znanje i skladišteno u vašem mozgu i mislima. Vi možete bez ikakve sumnje verovati da je sto napravljen od drveta zato što ste videli i čuli da je sto napravljen od drveta i razumete to.

Ljudi imaju memorijski sistem u mozgu. Oni u njega stavljaju mnoge vrste znanja od rođenja. Oni skladište u ćelije mozga znanje koje su videli, čuli, stekli od njihovih roditelja, braće i sestara, prijatelja i komšija i koje su naučili u školama i po potrebi koriste sačuvano znanje.

Ne pripada baš svaki deo znanja sačuvano u njihovom mozgu istini. Reč Božja je istina zato što stoji zauvek, dok znanje iz sveta lako se menja i pomešano je sa istinom i neistinom. Zato što nemaju u potpunosti razumevanje za istinu, ljudi iz sveta ne shvataju da se neistina zloupotrebljava kao da je istina. Na primer, oni veruju da je teorija evolucije u pravu zato što su naučili samo o teoriji evolucije u školi iako nisu znali reč Božju.

Ono koji su bili učeni o činjenici da su stvari napravljene od nečega što već postoji ne mogu da veruju da je nešto napravljeno od ničega.

Ako je čovek koji ima telesnu veru prisiljen da veruje da je nešto napravljeno od ničega, znanje koje je skladištio i verovao da je u pravu još od rođenja odvraća ga u verovanju od toga i njegova sumnja ga prati i više ne uspeva da veruje u to.

U trećem poglavlju Jevanđelja po Jovanu, vladalac Jevreja Nikodim došao je kod Isusa i podelio sa Isusom duhovni razgovor. Za vreme razgovora Isus ga je izazvao, govoreći mu: „Kad vam kazah zemaljsko pa ne verujete, kako ćete verovati ako vam kažem nebesko?" (stih 12)

Kada započinjete vaš hrišćanski život, vi skladištite znanje reči Božje onoliko koliko ga čujete. Ali ne možete u potpunosti da verujete od početka i vaša vera je osnovana kao telesna. Sa ovom telesnom verom, pojavljuje se sumnja u vama i ne uspevate da živite po reči Božjoj, komunicirate sa Bogom i dobijate Njegovu ljubav. Zbog toga je telesna vera takođe nazvana „vera bez dela" ili „mrtva vera."

Sa telesnom verom, vi ne možete biti spašeni. Isus je rekao u Jevanđelju po Mateju 7:21: „Neće svaki koji Mi govori:

„Gospode! Gospode," ući u carstvo nebesko; no koji čini po volji Oca Mog koji je na nebesima" i u Jevanđelju po Mateju 3:12: „Njemu je lopata u ruci Njegovoj, pa će otrebiti gumno svoje i skupiće pšenicu svoju u žitnicu, a plevu će sažeći ognjem večnim." Ukratko, ako vi ne praktikujete reč Božju i ako se ispostavi da je vaša vera vera bez dela, vi ne možete ući u nebesko kraljevstvo.

Duhovna vera

Kada vi verujete u stvari koje ne mogu biti vidljive i koje nisu u meri sa ljudskim mislima i znanjem, vi možete biti smatrani da imate duhovnu veru. Sa ovom duhovnom verom vi možete verovati da je nešto napravljeno od ničega.

Što se tiče duhovne vere, Poslanica Jevrejima 11:1 je definiše na sledeći način: „Vera je tvrdo pouzdanje u ono čemu se nadamo, dokaz stvari koje ne vidimo." Drugim rečima, kada vi gledate na stvari sa duhovnim očima, stvari će postati stvarnost za vas a kada gledate stvari sa očima vere ono što se ne vidi, uverenje sa kojim vi verujete se otkriva. U duhovnoj veri ono što ne može da se učini sa telesnom verom, što je vera znana kao „vera znanja," biće moguće i biće otkriveno kao stvarnost.

Na primer, kada je Mojsije pogledao stvari sa očima vere, Crveno more je bio podeljeno da dva dela i ljudi Izraela su mogli da ga pređu po suvoj zemlji (Izlazak 14:21-22). I kada su Isus Navin, naslednik Mojsija i njegovi ljudi pogledali na grad Jerihon i marširali okolo grada 7 dana i zatim vikali na zidine grada, grad je pao (Isus Navin 6:12-20). Avram, otac vere, mogao je da se povinuje zapovestima Božjim i ponudi kao žrtvu paljenicu njegovog jedinog sina, Isaka, koji je bio seme obećano od Boga zato što je verovao da će Bog moći da uzdigne čoveka od smrti (Postanak 22:3-12). Ovo je jedan razlog zašto je duhovna vera nazvana „vera praćena delima" i „živa vera."

Poslanica Jevrejima 11:3 govori: „Verom poznajemo da je svet rečju Božjom svršen, da je sve što vidimo iz ništa postalo." Nebesa i zemlja i sve stvari u njima uključujući sunce, mesec, zvezde, drveće, ptice i zveri, su stvorene uz reč Božju i On je stvorio čovečanstvo od prašine. Sve ovo je stvoreno od ničega i mi možemo da verujemo i razumemo ovu činjenicu samo sa duhovnom verom.

Nije sve što je vidljivo za naše oči ili vidno stvarnost, ali uz moć Božju, to jest uz Njegovu reč, sve je napravljeno. Zbog toga mi priznajemo da je Bog svemoguć i sveznajući i od Njega mi možemo da dobijemo sve što smo tražili sa verom. To je zato što je svemogući Bog naš Otac i mi smo Njegova deca, tako da je sve učinjeno za nas kako smo verovali.

Kako bi dobili odgovore i iskusili čuda sa verom, vi morate da okrenete vašu telesnu veru u veru koja je duhovna. Najpre, vi morate da razumete da sačuvano znanje u vašem mozgu od rođenja i formirana telesna vera koja se zasniva kao znanje, odvraća vas od posedovanja duhovne vere. Vi morate da uništite znanje koje donosi sumnju i otklonite znanje koje je pogrešno sačuvano u vašem mozgu. Koliko god da slušate i razumete reč Božju, duhovno znanje je mnogo više sačuvano u vama i do mere da ste svedoci u znakovima i čudima koji su otkriveni uz Božju moć i da ste iskusili dokaze o živom Bogu koji su manifestovani kroz svedočenja mnogih vernika, sumnje su otklonjene i vaša duhovna vera raste.

Koliko god da vaša duhovna vera raste, vi možete da verujete u reč Božju, imate komunikaciju sa Njim i dobijate od Njega odgovore. Kada su vaše u potpunosti odbačene, vi možete da stanete na kamenu vere i da budete smatrani da posedujete jaku veru sa kojom možete da vodite pobednički život u bilo kom iskušenju ili testu.

Sa ovim kamenom vere, Jakovljeva Poslanica 1:6 nas upozorava: „Ali neka ište s verom, ne sumnjajući ništa; jer koji se sumnja on je kao morski valovi, koje vetrovi podižu i razmeću" a Jakovljeva Poslanica 2:14 nam postavlja pitanje: „Kakva je korist, braćo moja, ako ko reče da ima veru a dela nema? Zar ga može vera spasti?"

Prema tome, ja vam naređujem da se setite da samo kada odbacite sve sumnje, stanete na kamen vere i pokažete dela vere, vi možete biti smatrani da posedujete duhovnu veru sa kojom možete biti spašeni.

Istinska vera i večni život

Parabola o deset devojaka zapisana u 25. poglavlju Jevanđelja po Mateju daje mnogo pouka. Parabola govori da su deset devojaka uzele svoje lampe i izašle da se susretnu sa mladoženjom. Pet od njih bile su mudre i i ponele su ulje u pljoskama zajedno sa bocama i uspešno dočekale mladoženju, ali pošto su ostale pet bile budalaste i nisu ponele ulje za njihove lampe, one nisu mogle da se sretnu sa mladoženjom. Ova parabola nam govori da među vernicima neki koji su vodili iskren život u veri i koji su se pripremali za povratak Gospoda sa duhovnom verom, biće spašeni, dok drugi koji se nisu dovoljno pripremili neće uspeti da steknu spasenje zato što je njihova vera mrtva vera koja nije praćena delima.

Kroz Jevanđelje po Mateju 7:22-23, Isus nas budi da čak iako su mnogi prorokovali, odbacivali demone i izvodili čuda u Njegovo ime, neće svako od njih biti spašen. To je zato što se ispostavilo da su oni kukolj koji nisu činili Božju volju već su umesto toga praktikovali bezakonje i činili grehove.

Kako mi možemo razlikovati pšenicu od kukolja? Praktični engleski rečnik Oxford (The Compact Oxford English Dictionary) tumači „kukolj" kao „ljuska semena ili žita odvojena vijanjem ili vršidbom." Kukolj duhovno simbolizuje vernike koji izgledaju kao da žive po reči Božjoj ali čine zla ne menjajući njihova srca sa istinom. Oni idu u crkvu svake nedelje, daju njihov desetak, mole se Bogu, brinu se o slabijim članovima i služe crkvi, ali oni čine sve ove stvari, ne prede Bogom, već da bi napravili predstavu pred očima drugih ljudi. Zbog toga su oni svrstani kao kukolj i ne mogu da dobiju spasenje.

Pšenica se odnosi na vernike koji su se pretvorili u ljude od duha uz reč Božje istine i poseduju veru koja nije potresena u bilo kojim uslovima i ne okreće se niti levo niti desno. Oni čine sve sa verom: Oni poste sa verom i mole se Bogu sa verom, tako da oni mogu da dobiju odgovore od Boga. Oni ne čine na silu koju im nameću drugi, već čine sve sa radošću i zahvalnošću. Pošto oni prate glas Svetog Duha da bi udovoljili Bogu i čine sa verom, njihova duša napreduje, sve im ide na bolje i oni uživaju u dobrom zdravlju.

Sada ja vam zapovedam da ispitate sebe da li ste služili Bogu u istini i duhu ili ste dremali i pratili prazne misli i osuđivali reč Božju za vreme službe bogosluženja. Vi takođe morate da pogledate unazad da li ste davali ponude radosno ili ste posejali umereno i bezvoljno zbog očiju drugih. Što jača vaša duhovna vera raste, veća dela će vas pratiti. I koliko god da praktikujete reč Božju, živa vera vam je data i boravićete u ljubavi i blagoslovima Božjim, hodaćete sa Njim i bićete uspešni u svemu. Svi blagoslovi iz Biblije ća vam biti dati zato što je Bog veran Njegovim obećanjima kao što je zapisano u Brojevima 23:19: „Bog nije čovek da laže, ni sin čovečji da se pokaje, šta kaže neće li učiniti? I šta reče neće li izvršiti?"

Međutim, ako ste posetili službu bogosluženja i molili se na običan način i revnosno služili crkvi ali niste uspeli da dobijete želje iz vašeg srca, onda morate da razumete da je nešto pogrešno na vašoj strani.

Ako vi imate iskrenu veru, vi morate da pratite i praktikujete reč Božju. Umesto da insistirate na sopstvenim mislima i znanju, vi morate da priznate da je samo reč Božja istina i da smognete hrabrost da uništite sve što je protiv reči Božje. Vi morate da odbacite svako zlo u svakom obliku dok revnosno slušate reč Božju i ispunite posvećenost kroz neprekidne molitve.

Nije istina da ste spašeni samo kroz obično posećivanje crkvenih bogosluženja i dok slušate reč Božju i skladištite je kao znanje. Ukoliko je ne praktikujete, to je mrtva vera bez dela. Samo kada posedujete iskrenu i duhovnu veru i činite volju Božju, vi ćete moći da uđete u nebesko kraljevstvo i uživate u večnom životu.

Razumite da Bog želi od vas da imate duhovnu veru koja je praćena sa delima i uživate u večnom životu i u privilegiji da ste Božje dete sa iskrenom verom!

Poglavlje 2

Telesno mudrovanje neprijateljstvo je Bogu

Poslanica Rimljanima 8:5-8

„*Jer koji su po mesu njihove misli se upravljaju po mesu, a koji su po duhu duhovno misle. Jer misao usredsređena na meso smrt je, a duhovno mudrovanje život je i mir, jer telesno mudrovanje neprijateljstvo je Bogu; jer se ne pokorava zakonu Božijem niti može, a koji su u mesu ne mogu Bogu ugoditi.*"

Danas postoji mnogo ljudi koji posećuju crkvu i priznaju njihovu veru u Isusa Hrista. Ovo su srećne i dobre vesti za nas. Ali naš Gospod Isus govori u Jevanđelju po Mateju 7:21: „Neće svaki koji Mi govori: Gospode! Gospode! ući u carstvo nebesko; no koji čini po volji Oca Mog koji je na nebesima." I On je dodao u Jevanđelju po Mateju 7:22-23: „Mnogi će reći Meni u onaj dan: „Gospode! Gospode, nismo li u ime Tvoje prorokovali i Tvojim imenom đavole izgonili i Tvojim imenom čudesa mnoga tvorili?" I tada ću im Ja kazati: „Nikad vas nisam znao; idite od Mene koji činite bezakonje.""

I Jakovljeva Poslanica 2:26 nam govori: „Jer, kao što je telo bez duha mrtvo, tako je i vera bez dobrih dela mrtva." Zbog toga vi morate da načinite vašu veru kompletnom kroz dela pokornosti kako bi bili priznati kao iskreno dete Božje koje dobija sve što ste potražili.

Nakon što mi prihvatimo Isusa Hrista kao našeg Spasitelja, mi sa našim mislima počinjemo da uživamo u tome i služimo zakonu Božjem. Međutim, ako ne uspemo da održavamo zapovesti Božje, onda mi služimo zakonu greha sa našim telom i nećemo uspeti da Njemu udovoljimo. To je zato što smo sa telesnim mislima stavljeni u poziciju protiv Boga i nismo u mogućnosti da postanemo predmet zakona Božjeg.

Ali ako odbacimo telesne misli i pratimo duhovne misli,

mi možemo biti vođeni Duhom Božjim, održavati Njegove zapovesti i Njemu udovoljiti na način na koji je Isus ispunio zakon s ljubavlju. Prema tome, obećanje Božje koje govori: „Sve je moguće onome koji veruje" dolazi nad nama.

Sada hajde da se udubimo u to koja je razlika između telesnih i duhovnih misli. Hajde da vidimo zašto su telesne misli neprijateljski naklonjene prema Bogu i kako možemo da izbegnemo telesne misli i hodamo u skladu sa Duhom kako bi ugodili Bogu.

Telesan čovek razmišlja o telesnim željama, dok duhovni čovek želi stvari od duha

1) Meso i želje mesa

U Bibliji mi nailazimo na takav izraz kao što su: „meso," „stvari mesa," „želje mesa" i „dela mesa." Ove reči su slične po značenju i sve će postati trule i nestaće nakon što napustimo ovaj svet.

Želje/dela mesa su zapisana u Poslanici Galaćanima 5:19:21: „A poznata su dela mesa, koja su: preljubočinstvo, kurvarstvo, nečistota, besramnost, idolopoklonstvo, čaranja, neprijateljstva, svađe, pakosti, srdnje, prkosi, raspre, sablazni, jeresi, zavisti, ubistva, pijanstva, žderanja i ostala ovakva za koja vam napred kazujem kao što i kazah napred, da oni koji tako čine neće naslediti carstvo Božije."

U Poslanici Rimljanima 13:12-14, apostol Pavle nas upozorava o željama mesa govoreći: „Noć prođe, a dan se približi. Da odbacimo, dakle, sva dela tamna i da se obučemo u oružje videla. Da hodimo pošteno kao po danu: ne u žderanju i pijanstvu, ne u kurvarstvu i nečistoti, ne u svađanju i zavisti. Nego se obucite u Gospoda Isusa Hrista i telu ne ugađajte po željama."

Mi imamo misli i razmišljanje. Kada mi štitimo grešne želje i neistine u našim mislima, te grešne želje i neistine su nazvane „želje mesa," a kada su te grešne želje otkrivene u delima, one su nazvane „dela mesa." Želje i dela mesa su protivne istini, tako da niko ko se njima prepušta ne može da nasledi kraljevstvo Božje.

Prema tome, Bog nas upozorava u 1. Korinćanima Poslanici 6:9-10: „Ili ne znate da nepravednici neće naslediti carstvo Božije? „Ne varajte se: ni kurvari, ni idolopoklonici, ni preljubočinci, ni adžuvani, ni muželožnici, ni lupeži, ni lakomci, ni pijanice, ni kavgadžije, ni hajduci, carstvo Božije neće naslediti" i takođe u 1. Korinćanima Poslanici 3:16-17:

„Ne znate li da ste vi crkva Božija i Duh Božji živi u vama? Ako pokvari ko crkvu Božiju, pokvariće njega Bog, jer je crkva Božija sveta, a to ste vi."

Kao što je rečeno u oba stiha, vi morate da razumete da nepravednici koji čine grehove i zlo u delima ne mogu da naslede kraljevstvo Božje - oni koji praktikuju dela mesa ne mogu biti spašeni. Budite budni kako ne bi upali u zamku onih koji propovedaju da možemo biti spašeni samo ako posećujemo crkvu. U ime Gospodnje ja preklinjem da ne padnete u iskušenje tako što će te pažljivo proučavati reč Božju.

2) Duh i želje duha

Čovek se sastoji od duha, duše i tela; naše telo umire. Telo samo udomljava naš duh i dušu. Duh i duša su večiti entiteti koji preuzimaju odgovornost funkcionisanja naših misli i opskrbuju nas životom.

Duh je svrstan u dve kategorije: Duh koji pripada Bogu i duh koji ne pripada Bogu. Zbog toga 1. Poslanica Jovanova 4:1-3, kaže: „Ljubazni, ne verujte svakom duhu, nego kušajte duhove jesu li od Boga jer mnogi lažni proroci iziđoše na svet."

Duh Božji pomaže nam da priznamo da je Isus Hrist došao u telu vodi nas do spoznaje da su nam stvari slobodno date od Boga (1. Jovanova Poslanica 4:2; 1. Korinćanima Poslanica 2:12).

Isus je rekao u Jevanđelju po Jovanu 3:6: „Šta je rođeno od tela, telo je a šta je rođeno od Duha, duh je." Ako mi prihvatimo Isusa Hrista i primimo Svetog Duha, Sveti Duh dolazi u naša srca, jača nas da razumemo reč Božju, pomaže nam da živimo po reči istine i vodi nas da postanemo ljudi od duha. Kada Sveti Duh dođe u naša srca, On čini da naša dela duha ponovo ožive, tako da se kaže da smo ponovo rođeni od Duha i da smo postali posvećeni kroz obrezivanje srca.

Naš Gospod Isus govori u Jevanđelju po Jovanu 4:24: „Bog je Duh i koji Mu se mole, duhom i istinom treba da se mole." Duh pripada 4-voro dimenzijalnom svetu i tako Bog koji je duh ne samo da vidi srca svakoga od nas već takođe zna sve o nama.

U Jevanđelju po Jovanu 6:63 govori se da: „Duh je ono što oživljava; telo ne pomaže ništa; reči koje vam Ja rekoh duh su i život su," Isus nam objašnjava da nam Sveti Duh daje život i da je reč Božja duh.

I Jevanđelje po Jovanu 14:17 govori: „I Ja ću umoliti Oca i daće vam drugog utešitelja da bude s vama vavek; to je Duh istine, kog svet ne može primiti, jer Ga ne vidi niti Ga poznaje, a vi Ga poznajete, jer u vama stoji i u vama će biti." Ako mi primimo Svetog Duha i postanemo dete Božje, Sveti Duh će nas voditi do istine.

Sveti Duh boravi u nama nakon što mi prihvatimo Gospoda i rađa duh u nama. On nas vodi i pomaže nam da razumemo sve nepravednosti, pokajemo se i odvratimo od njih. Ako mi idemo protiv istine, Sveti duh jeca, čini da se osećamo zabrinuto, ohrabruje nas da razumemo naše grehove i ispunimo posvećenost.

U nastavku Sveti Duh je nazvan Duhom Božjim (1. Korinćanima Poslanica 12:3) i Duhom Gospodnjim (Dela Apostolska 5:9; 8:39). Duh Božji je večna istina i Duh koji daje život i vodi nas ka večnom životu.

Sa druge strane, duh koji ne pripada Bogu već je protiv Duha Božjeg ne priznaje da je Isus došao na ovaj svet u mesu i nazvan je „duh sveta" (1. Korinćanima Poslanica 2:12), „duhom antihrista" (1. Jovanova Poslanica 4:3), „lažnim duhom" (1. Timotejeva Poslanica 4:1) i „nečistim duhom" (Otkrivenje Jovanovo 16:13). Svi ovi duhovi su od đavola. Oni nisu od Duha istine. Ovi duhovi neistine da daju život već umesto toga vode ljude ka uništenju.

Sveti Duh se odnosi na savršenog Duha Božjeg i prema tome kada mi prihvatimo Isusa Hrista i postanemo Božje dete, mi primamo Svetog Duha i Sveti Duh rađa duh i pravednost u nama i jača nas da uberemo plodove Svetog Duha, pravednost i Svetlost. Kako mi ličimo na Boga kroz ovo delo Svetog Duha, mi ćemo moći da budemo vođeni od Njega, budemo nazvani sinovima Božjim i zvati Boga: „Ava! Oče!" zato što smo dobili duh nasledstva kao sinovi (Poslanica Rimljanima 8:12-15).

Zbog toga, koliko god smo vođeni Svetim Duhom, mi ćemo brati devet plodova Svetog Duha koji su ljubav, radost, mir, strpljenje, ljubaznost, dobrota, vernost, nežnost i samokontrola (Poslanica Galaćanima 5:22-23). Mi ćemo takođe ubrati plod pravednosti i plodove Svetlosti koji se sastoje u svakoj dobroti i pravednosti i istini, sa kojima mi možemo dostići potpuno spasenje (Poslanica Efežanima 5:9).

Telesne misli vode u smrt, ali duhovne misli vode ka životu i miru

Ako vi pratite meso, vi ćete postaviti vaše misli u stvarima od mesa. Vi ćete živeti u skladu sa mesom i činićete grehove. Onda, u skladu sa rečima Božjim koji govore: „Plata za greh je smrt," ne možete a da ne budete dovedeni u smrt. Zbog toga vam Gospod postavlja pitanje: „Kakva je korist, braćo Moja, ako ko reče da ima veru a dela nema? Zar ga može vera spasti?" Tako i vera ako nema dela, mrtva je po sebi" (Jakovljeva Poslanica 2:14, 17).

Ako postavite vaše misli u mesu, to neće uzrokovati samo

da grešite i da patite u nevoljama na zemlji, već nećete moći da nasledite nebesko kraljevstvo. Tako da, vi morate ovo da imate u mislima i da usmrtite dela mesa kako bi mogli da steknete večni život. (Poslanica Rimljanima 8:13).

Suprotno tome, ako vi pratite Duh, vi ćete moći da postavite misli u Duhu i daćete najbolje od sebe da živite u istini. Onda će vam Sveti Duh pomoći da se borite protiv neprijatelja đavola i Sotone, odbacite neistinu i hodate u istini i vi ćete postati posvećeni.

Pretpostavimo da vas neko ošamari po obrazu bez ikakvog razloga. Možda ćete se osetiti besno, ali vi možete da isterate telesne misli i pratite duhovne umesto toga dok se sećate Isusovog razapeća. Zato što nam reč Božja govori da mu okrenemo drugi obraz kada nas neko udari po jednom i da se radujemo u svim okolnostima, vi možete da oprostite, smireno istrajete i služite drugima. Kao rezultat, vi ne morate biti zabrinuti. Na ovaj način vi možete steći mir u vašem srcu. Dok ne postanete posvećeni, vi ćete možda želeti da zamerite ili prekorite njega zato što zlo ostaje u vama. Ali, nakon što ste odbacili svaki oblik zlobe, vi ćete osetiti ljubav prema njemu čak iako ste pronašli njegove greške.

Prema tome, ako postavite vaše misli u duhu, vi ćete tražiti duhovne stvari i hodaćete u reči istine. Onda kao rezultat vi ćete stići spasenje i iskren život i vaš život će biti ispunjen mirom i blagoslovima.

Telesne misli su neprijateljski nastrojene prema Bogu

Telesne misli vas sprečavaju da se molite Bogu, dok vam one duhovne naređuju da se molite Njemu. Telesne misli vas dovode do neprijateljstva i svađa, dok vas one duhovne vode ka ljubavi i miru. Slično tome, telesne misli su protiv istine i one su u stvari volja i misli od neprijatelja đavola. Zbog toga ako vi nastavite da pratite telesne misli, barijera će biti izgrađena protiv Boga i to će stati na put Božjoj volji prema vama.

Telesne misli ne donose nikakav mir već zabrinutost, nemir i nevolju. Jednom rečju, telesne misli su u potpunosti beznačajne i ne donose nikakvu korist. Naš Otac Bog je svemoguć i sveznajući i kao Stvoritelj vladalac je nad nebesima i zemljom i svim stvarima u njima i takođe nad našim duhom i telima. Šta On ne bi mogao da da Njegovoj voljenoj deci? Ako je vaš otac predsednik velike industrijske grupe, vi nećete morati da brinete o novcu i ako je vaš otac savršen doktor medicine, vama je garantovano dobro zdravlje.

Kao što je Isus rekao u Jevanđelju po Marku 9:23: „Ako

možeš? Sve je moguće onome koji veruje," duhovne misli donose veru i mir nad vama, dok vas telesne misli sprečavaju da ispunite volju i dela Božja davajući vam zabrinutost, nemir i nevolju. Zbog toga, u odnosu na telesne misli, Poslanica Rimljanima 8:7 kaže: „Jer telesno mudrovanje neprijateljstvo je Bogu, jer se ne pokorava zakonu Božijem niti može."

Mi smo deca Božja koja služe Bogu i Njega nazivaju „Oče." Ako vi nemate radost već osećate nevolju i zabrinuti ste, to međutim dokazuje da ste pratili telesne misli koje je izazvao neprijatelj đavo i Sotona umesto duhovne misli koje su date od Boga. Onda, vi morate da se pokajete odmah, odvratite od toga i tražite duhovne misli. To je zato što možemo sebe da predamo Bogu i Njemu se povinujemo sa duhovnim mislima.

Oni koji su u mesu ne mogu da udovolje Bogu

Oni koji su postavili svoje misli u mesu nađeni su da su protiv Boga i oni neće i ne mogu da se predaju zakonu Božjem. Oni ne slušaju Boga i Njemu ne mogu da udovolje i na kraju pate u iskušenjima i nevoljama.

Pošto je Avram, otac vere, uvek tražio duhovne misli, on je mogao da se povinuje zapovesti Božjoj koja je zahtevala da njegov jedini sin Isak bude žrtva paljenica. Suprotno tome, kralj

Saul, koji je pratio telesne misli, na kraju je bio ostavljen; Jonu je pogodila velika munja i progutala ga ogromna riba; Izraelci su morali da pate 40 godina u divljini posle Izlaska.

Kada vi pratite duhovne misli i pokažete dela vere, vama mogu biti date želje srca, kao što je obećano u Psalmima 37:4-6: „Teši se Gospodom i učiniće ti šta ti srce želi." Predaj Gospodu put svoj i uzdaj se u Njega, On će učiniti. I izvešće kao videlo pravdu tvoju i pravicu tvoju kao podne."

Svako ko zaista veruje Bogu mora da istera svu svoju nepokornost uzrokovanu od dela neprijatelja đavola, održava zapovesti Božje i čini stvari koje Njemu udovoljavaju. Onda će on postati čovek od duha i moći će da primi sve što je potražio.

Kako mi možemo da pratimo dela duha?

Isus, koji je Sin Božji, došao je na ovu zemlju i postao je zrno pšenice za grešnike i umro je za njih. On je popločao put spasenja za svakoga ko prihvati Njega da postane dete Božje i ubrao je mnoge plodove. On je samo tražio duhovne misli i pokorio se volji Božjoj; On je dizao mrtve ponovo u život, isceljivao bolesne od različitih vrsta bolesti i proširio je kraljevstvo Božje.

Šta da uradite da biste preuzeli posle Isusa i da biste udovoljili Boga?

Najpre, vi morate da živite u potpori Svetog Duha kroz molitve. Ako se vi ne molite, vi ćete pasti pod dela Sotone i živeti u skladu sa telesnim mislima. Međutim, kada se molite bez prestanka, vi možete da dobijete dela Svetog Duha u vašem životu, biti ubeđeni u ono što je pravedno, protiviti se grehu, biti slobodni od osuda, pratiti želje Svetog Duha i postati pravedni iz Božjeg pogleda. Čak je i Sin Božji ispunio dela Božja kroz molitve. Pošto je volja Božja da se molite bez prestanka, kada ne prestajete da se molite, vi možete da pratite samo duhovne misli i udovoljite Bogu.

Drugo, vi morate da ispunite duhovna dela čak iako mislite da to ne želite. Vera bez dela je samo vera kao znanje. To je mrtva vera. Kada vi znate šta treba da uradite, a to ne učinite, to je greh. Tako da, ako vi želite da pratite volju Božju i Njemu udovoljite, vi morate da pokažete dela vere.

Treće, vi morate da se pokajete i primite moć odozgo kako bi mogli da posedujete veru koja je praćena delima. Pošto su telesne misli neprijateljski naklonjene prema Bogu, ako Njemu ne ugađate i gradite zid greha između Boga i vas, vi morate da se pokajete u tome i odbacite ih. Pokajanje je uvek potrebno za dobar hrišćanski život, ali kako bi ih odbacili vi morate da pokidate vaše srce i pokajete se.

Ako vi počinite grehove za koje ste znali da niste trebali da počinite, vaše srce će se osećati nelagodno. Kada se pokajete od grehova sa molitvama u suzama, brige i strepnja će vas napustiti, postaćete osveženi, pomirićete se sa Bogom i onda možete da dobijete želje iz vašeg srca. Ako vi nastavite da se molite da se otarasite svakog oblika zla, vi ćete se pokajati od vaših grehova kidajući vaše srce. Vaše grešne osobine će biti spaljene vatrom Svetog Duha i zidovi greha će biti uništeni. Onda, vi ćete moći da živite u delima Duha i udovoljite Bogu u skladu sa tim.

Ako osetite opterećenost u vašem srcu nakon što ste primili Svetog Duha kroz veru u Isusa Hrista, to je zato što ste sada pronašli sebe da ste protiv Boga zbog vaših telesnih misli. Tako da, vi morate da uništite zidove grehova kroz revnosne molitve i onda pratite želje Svetog Duha i činite dela u Duhu u skladu sa duhovnim mislima. Kao ishod, mir i radost će ući u vaše srce, odgovori na vaše molitve će vam biti dati i želje u vašem srcu će biti ispunjene.

Kao što je Isus rekao u Jevanđelju po Marku 9:23: „Ako možeš? Sve je moguće onome koji veruje," da svako od vas odbaci telesne misli koje su protiv Boga i hoda sa verom u skladu sa delima Svetog Duha kako bi mogli da udovoljite Bogu, čini Njegova bezgranična dela i uveličava Njegovo kraljevstvo, u ime našeg Gospoda Isusa Hrista ja se molim!

Poglavlje 3

Uništi
sve vrste misli i teorija

2. Poslanica Korinćanima 10:3-6

„Jer ako i živimo po telu, ne borimo se po telu, jer oružje našeg vojevanja nije telesno, nego silno od Boga za rušenje utvrđenja. Mi kvarimo pomisli i svaku visinu koja se podiže na poznanje Božije i robimo svaki razum za pokornost Hristu i u pripravnosti imamo osvetu za svaku nepokornost, kad se izvrši vaša pokornost."

Opet, vera može biti podeljena u dve kategorije. Duhovna vera i telesna vera. Telesna vera takođe može biti nazvana kao vera koja je znanje. Kada prvo čujete reč Božju, vi počinjete da imate veru kao znanje. To je telesna vera. Ali koliko više razumete i praktikujete reč, vi počinjete da posedujete duhovnu veru.

Ako vi razumete duhovno značenje Božje reči istine i postavite temelj vere dok je praktikujete, Bog će se radovati i daće vam duhovnu veru. Ipak sa ovom duhovnom verom koja vam je data odozgo, vi ćete dobiti odgovore na vaše molitve i rešenja na vaše probleme. Vi ćete takođe iskusiti susret sa Bogom.

Kroz ovo iskustvo, sumnje će vas napustiti, ljudske mili i teorije će biti uništene i vi ćete stajati na kamenu vere na kojem nikada nećete biti potrešeni bilo kojim iskušenjima ili nevoljama. Kada ste postali čovek od istine i slični Hristu u srcu, to znači da je vaš temelj vere trajno postavljen. Sa ovim temeljom vere vi možete da dobijete sve što ste potražili u ovoj veri.

Baš kao što je naš Gospod rekao u Jevanđelju po Mateju 8:13: „Kako si verovao neka ti bude," ako posedujete u potpunosti duhovnu veru, to je vera sa kojom možete da dobijete sve što ste potražili. Moći ćete da živite život slaveći Boga u svemu što radite. Boravićete u ljubavi i tvrđavi Božjoj i postaćete za Boga veliki užitak.

Sada, hajde da se udubimo u nekoliko stvari koje se tiči

duhovne vere. Koje su prepreke za dobijanje duhovne vere? Kako možete da posedujete duhovnu veru? Koje vrste blagoslova su očevi duhovne vere dobijali u Bibliji? I na kraju pogledaćemo i na to zašto su oni koji su postavili svoje misli kao telesne misli zaboravljeni?

Prepreke za sticanje duhovne vere

Sa duhovnom verom vi možete da imate komunikaciju sa Bogom. Vi možete da čujete jasan glas Svetog Duha. Vi možete da dobijete odgovore na vaše molitve i molbe. Vi možete da slavite Boga kada god jedete ili pijete ili bilo šta da radite. I vi ćete živeti u naklonosti, prepoznatljivosti i zaštićeni od strane Boga u vašem životu.

Zašto onda ljudi ne uspevaju da poseduju duhovnu veru? Sada ćemo razmotriti kakvi nas to faktori sprečavaju u posedovanju duhovne vere.

1) Telesne misli

Poslanica Rimljanima 8:6-7 kaže: „Jer misao usredsređena na meso smrt je, a duhovno mudrovanje život je i mir, jer telesno mudrovanje neprijateljstvo je Bogu; jer se ne pokorava zakonu Božijem niti može, a koji su u mesu ne mogu Bogu ugoditi".

Misli mogu biti podeljene u dve kategorije; one koje su po prirodi telesne i one koje su duhovne. Telesne misli se odnose na sve vrste sačuvanih misli u mesu i sastoje se od svih vrsta neistina. Telesne misli pripadaju grehu zato što nisu u skladu sa voljom Božjom. One rađaju smrt kao što je rečeno u Poslanici Rimljanima 6:23: „Jer je plata za greh smrt." Suprotno tome, duhovne misli se odnose na misli istine i u skladu su sa voljom Božjom - pravednost i dobrota. Duhovne misli rađaju život i donose nam mir.

Na primer, pretpostavimo da ste se suočili sa poteškoćom ili nevoljom koja se ne može prevazići ljudskom snagom ili sposobnošću. Telesne misli donose vam brige i strahove. Ali duhovne misli vas vode ka tome da odbacite brige i dajete zahvalnost i radujete se kroz reč Božju, govoreći: „Radujte se svagda; molite se Bogu bez prestanka; na svačemu zahvaljujte; jer je ovo volja Božja u Hristu Isusu od vas" (1. Solunjanima Poslanica 5:16-18).

Prema tome, duhovne misli su totalna suprotnost onim telesnim, tako da sa telesnim mislima vi nećete niti možete biti predmet zakona Božjeg. Zbog toga su telesne misli neprijateljski naklonjene prema Bogu i sprečavaju nas da posedujemo duhovnu veru.

2) Želje/dela mesa

Želje/dela mesa se odnose na sve grehove otkrivene u delima, baš kao što je definisano u Poslanici Galaćanima 5:19-21: „A poznata su dela mesa, koja su: preljubočinstvo, kurvarstvo, nečistota, besramnost, idolopoklonstvo, čaranja, neprijateljstva, svađe, pakosti, srdnje, prkosi, raspre, sablazni, jeresi, zavisti, ubistva, pijanstva, žderanja i ostala ovakva za koja vam napred kazujem kao što i kazah napred, da oni koji tako čine neće naslediti carstvo Božije."

Ako vi ne odbacite želje mesa, vi ne možete niti posedovati duhovnu veru niti naslediti kraljevstvo Božje. Zbog toga vas dela mesa sprečavaju da posedujete duhovnu veru.

3) Sve vrste teorija

Vebsterov rečnik (The Webster's Revised Unabridged Dictionary) odnosi se prema „teoriji" kao „doktrina ili poredak stvari koje se završavaju špekulacijom ili razmišljanjem bez cilja da obavlja; hipoteza; špekulacija" ili „jedno izlaganje opštih ili apstraktnih principa bilo koje nauke." Ova ideja teorije je deo znanja koja podržava stvaranje nečega od nečega ali nam nije od koristi u našem posedovanju duhovne vere. To nas poprilično sprečava u posedovanju duhovne vere.

Hajde da razmislimo o dveju teorija kreacionizma i

Darvinovoj evoluciji. Većina ljudi uči u školi da je čovečanstvo evoluiralo od majmuna. U direktnoj suprotnosti, Biblija nam govori da je Bog stvorio čoveka. Ako vi verujete u svemogućeg Boga, vi morate da odaberete i pratite da je stvaranje nastalo od Boga iako ste učili u školi teoriju evolucije.

Samo kada se okrenete od teorije evolucije koja se uči u školi ka onom stvaranju od strane Boga, vi možete da posedujete duhovnu veru. U suprotnom, sve teorije će vas sprečiti u posedovanju duhovne vere jer je nemoguće da verujete da je nešto napravljeno od ništavila sa teorijom evolucije. Na primer, čak i sa razvojem nauke ljudi ne mogu da naprave seme života, spermu ili jajnike. Onda, kako je moguće verovati da je nešto napravljeno od ništavila, osim iz aspekta duhovne vere?

Prema tome, mi moramo da opovrgnemo ove argumente i teorije i svaku ponosnu i uzvišenu stvar koja je sama po sebi postavljena protiv pravog znanja Božjeg i učinimo da nam svaka misao bude zarobljena u pokornosti prema Hristu.

Saul je pratio telesne misli i nije se povinovao

Saul je bio prvi kralj kraljevstva Izraela, ali on nije živeo u skladu sa voljom Božjom. On je preuzeo presto na zahtev naroda. Bog mu je zapovedio da napadne Amalika i u potpunosti uništi sve što je imao i da ubije i muškarce i žene, decu i bebe, volove i ovce, kamile i magarce i da nikoga ni malo ne štedi. Kralj Saul je porazio Amaličane i osvojio veliku pobedu. Ali on se nije pokorio Božjoj zapovesti, već je poštedeo najbolje ovce i goveda. Saul je činio u skladu sa telesnim mislima i poštedeo je Agaga i najbolje ovce, goveda, tovljenike, jagnjad i sve što je bilo dobro sa željom da ih prinese kao žrtve paljenice Bogu. On nije bio voljan da ih u potpunosti sve uništi. Ovo je čin nepokornosti i arogantnosti u Božjim očima. Bog ga je prekorio zbog njegovih pogrešnih dela kroz proroka Samuila kako bi mogao da se pokaje i odvrati. Ali, kralj Saul je pravio izgovore i insistirao na njegovoj pravednosti (1. Samuelova Poslanica 15:2-21).

Danas ima mnogo vernika koji čine poput Saula. Ono ne shvataju njihovu očiglednu nepokornost, niti priznaju kada su zbog nje prekoreni. Umesto toga, oni prave izgovore i insistiraju na na svoj način u skladu sa njihovim telesnim mislima. Na kraju oni nalaze sebe kao nepokorne ljude koji čine u skladu sa mesom kao i Saul. Pošto se svih 100 od 100 ljudi različiti po mišljenjima, ako oni čine u skladu sa njihovim sopstvenim mislima, oni ne mogu biti ujedinjeni. Ako oni čine u skladu sa njihovim sopstvenom mislima, oni se neće povinovati. Ali ako čine u skladu sa istinom Božjom, oni će moći da se povinuju i postanu ujedinjeni.

Bog je Saulu poslao proroka Samuela. Saul se nije pokorio

Njegovoj reči i prorok je rekao Saulu: „Jer je neposlušnost kao greh od čaranja i nepokornost kao sujeverstvo i idolopoklonstvo. Odbacio si reč GOSPODNJU, zato je i On tebe odbacio da ne budeš više kralj" (1. Samuelova Poslanica 15:23).

Slično tome, ako se neko osloni na ljudska razmišljanja i ne prati volju Božju, to je neposlušnost prema Bogu, a ako ne shvati svoju neposlušnost niti se od nje ne okrene, on nema drugog izbora osim da od Boga bude zaboravljen poput Saula.

Mi čitamo u 1. Knjizi Samuelovoj 15:22-23: „Zar su mile GOSPODU žrtve paljenice i prinosi kao kad se sluša glas NJEGOV? Gle, poslušnost je bolja od žrtve i pokornost od pretiline ovnujske." Bez obzira koliko vaše misli izgledaju pravične, ako su one protiv reči Božje, vi morate da se pokajete i od njih odmah okrenete. Pored toga, vi morate da učinite da vaše misli budu pokorne volji Božjoj.

Očevi vere koji su se pokorili reči Božjoj

David je bio drugi kralj Izraela. On nije pratio njegove sopstvene misli još od detinjstva, već je hodao samo sa verom u Boga. On se nije plašio medveda i lavova kada je kao pastir čuvao njegovo stado i ponekad se borio i porazio lavove i medvede sa verom da bi zaštitio stado. Kasnije samo sa verom, on je pobedio

Golijata, šampiona Filistejca. Postoji incident u kojem se David jednom nije povinovao reči Božjoj nakon što je postavljen na tron. Kada je bio prekoren od strane proroka zbog toga, on nije izgovorio ni jednu reč izvinjenja, već se odmah pokajao i odvratio i na kraju je postao još više posvećeniji. Prema tome, postoji velika razlika između Saula, čoveka sa telesnim mislima i Davida, čoveka od duha (1. Samuelova Poslanica 12:13).

Dok je bio pastir svog stada u pustinji 40. godina, Mojsije je uništio sve vrste misli i teorija i postao je ponizan pred Bogom sve dok nije bio pozvan od strane Boga da povede Izraelce van granica Egipta.

Razmišljajući u skladu sa ljudskim mislima, Avram je zvao njegovu ženu „sestra." Međutim, nakon što je postao čovek od duha kroz iskušenja, on je mogao da se pokori čak i zapovesti od Božjoj koja govori da ponudi njegovog jedinog sina Isaka kao žrtvu paljenicu. Da se on makar malo oslonio na telesnu misao, on se ne bi ni malo pokorio zapovesti. Isak je bio njegov jedini sin koga je dobio u kasnijim godinama i takođe je trebalo da bude seme obećanja od Boga. Tako da, sa ljudskim mislima, to bi moglo da se smatra ne prikladnim i nemogućim da ga seče kao neku životinju i ponudi ga kao žrtvu paljenicu. Avram se nikada nije žalio već je umesto toga verovao da će Bog moći da ga uzdigne iz mrtvih i on se pokorio (Poslanica Jevrejima 11:9).

Neman, komandant vojske kralja Sirije, bio je visoko poštovan i omiljen kod kralja, ali je bio pogođen leprom i došao je kod proroka Jeliseja da primi isceljenje do njegove bolesti. Pošto je doneo mnogo poklona da bi iskusio dela Božja, Jelisej ga nije pustio unutra već je poslao njegovog slugu da mu poruči: „Idi i okupaj se sedam puta u Jordanu i ozdraviće telo tvoje i očistićeš se" (2. Knjiga Kraljevima 5:10). Sa telesnim mislima, Neman je ovo smatrao nepristojnim i uvredljivim i postao je besan. Ali on je uništio njegove telesne misli i pokorio se zapovesti po datim savetima njegovih slugu. On je zaronio u reku Jordan sedam puta i njegovo telo se obnovilo i on je postao čist.

Voda simbolizuje reč Božju, a broj „7" stoji za savršenstvo, tako da „zaroni u Jordan 7 puta" znači „postati potpuno posvećen po reči Božjoj." Kada vi postanete posvećeni, vi možete da dobijete rešenje na bilo koju vrstu problema. Prema tome, kada se Neman povinovao reči Božjoj prorokovanu od strane proroka Jeliseja, velika dela Božja su se njemu dogodila (2. Knjiga Kraljevima 5:1-14).

Jednom kada oterate ljudske misli i teorije vi se možete pokoriti

Jakov je bio lukav i imao je sve vrste misli, tako da je pokušao da ispuni svoju volju sa različitim spletkama. Kao rezultat, on je 20 godina patio u različitim nevoljama. Na kraju on je pao u nepriliku u reci Javok. On nije mogao da se vrati u kuću ujaka zbog sporazuma koji je napravio sa njim, niti je mogao da ide napred zbog njegovog starijeg brata Isava, jer ga je čekao na suprotnoj strani reke da bi ga ubio. U ovoj očajnoj situaciji njegova samopravednost i sve telesne misli su bile u potpunosti uništene. Bog je dirnuo srce Isava i pomirio ga sa njegovim bratom. Na ovaj način, Bog je otvorio put života dako da je Jakov mogao da ispuni proviđenje Božje (Postanak 33:1-4).

Bog u Poslanici Rimljanima 8:5 govori: „Jer koji su po telu telesno misle, a koji su po duhu duhovno misle. Jer misao usredsređena na meso smrt je, a duhovno mudrovanje život je i mir, jer telesno mudrovanje neprijateljstvo je Bogu; jer se ne pokorava zakonu Božijem niti može, a koji su u mesu ne mogu Bogu ugoditi." Zbog toga mi moramo da uništimo svako mišljenje, svaku teoriju i svaku misao koja je rasla suprotno znanju Božjem. Mi moramo da učinimo da nam svaka misao bude zarobljena u pokornosti prema Hristu kako bi nam duhovna vera bila data i pokažemo dela pokornosti.

Isus je dao novu zapovest u Jevanđelju po Mateju 5:39-42, rekavši: „A Ja vam kažem da se ne branite oda zla, nego ako te ko udari po desnom tvom obrazu, obrni mu i drugi. I koji hoće da se sudi s tobom i košulju tvoju da uzme, podaj mu i haljinu. I ako te potera ko jedan sat, idi s njime dva. Koji ište u tebe, podaj mu; i koji hoće da mu uzajmiš, ne odreci mu." Sa ljudskim mislima vi ne možete da se povinujete ovoj zapovesti zato što su one protiv reči istine. Ali ako uništite ljudske i telesne misli, vi možete da se povinujete sa radošću i Bog će dati da vam sve ide na bolje kroz vašu pokornost.

Bez obzira koliko puta ste sa vašim usnama priznali vašu veru, ako ne stavite vaše sopstvene misli i teorije u ništavilo, vi nećete moći niti da se pokorite niti da iskusite dela Božja, niti ćete biti vođeni ka napretku i uspehu.

Ja vam zapovedam da imate u mislima reč Božju zapisanu u Isaiji 55:8-9: „Jer misli Moje nisu vaše misli, niti su vaši putevi Moji putevi," veli GOSPOD. „Nego koliko su nebesa više od zemlje, toliko su putevi Moji viši od vaših puteva i misli Moje od vaših misli.""

Morate da izbegnete da imate telesne misli i ljudske teorije i umesto toga da posedujete duhovnu veru kao komandant kome je zapovedio Isus zbog njegovog potpunog oslanjanja na Boga. Kada je komandant došao kod Isusa i tražio od Njega da isceli njegovog slugu čije je telo bilo paralizovano zbog šloga, on je priznao sa verom da će njegov sluga biti isceljen samo sa rečju koju Isus izgovori. On je dobio odgovore kako je verovao. Na isti način, ako vi posedujete ovu duhovnu veru, vi možete da dobijete odgovore na sve vaše molitve i molbe i u potpunosti date slavu Bogu.

Reč istine Božje menja duh čovečanstva i omogućuje mu da poseduje veru praćenu delima. Vi možete da dobijete Božje odgovore sa ovom živom i duhovnom verom. Neka svako od vas uništi sve telesne misli i ljudske teorije i poseduje duhovnu veru kako bi dobili sve što ste potražili sa verom i slavili Boga.

Poglavlje 4

Posej seme vere

Poslanica Galaćanima 6:6-10

„*A koji se uči reči neka daje deo od svakog dobra onome koji ga uči. Ne varajte se, Bog se ne da ružiti; jer šta čovek poseje ono će i požnjeti. Jer koji seje u telo svoje, od tela će požnjeti pogibao, a koji seje u duh, od duha će požnjeti život večni. A dobro činiti da nam se ne dosadi, jer ćemo u svoje vreme požnjeti ako se ne umorimo. Zato dakle, dok imamo vremena da činimo dobro svakome, a osobiti onima koji su s nama u veri.*"

Isus nam obećava u Jevanđelju po Marku 9:23: „Ako možeš? Sve je moguće onome koji veruje." Tako da kada je kapetan došao pred Njim i pokazao tako veliku veru, Isus mu je rekao: „Kako si verovao neka ti bude" (Jevanđelje po Mateju 8:13), a onda je sluga bio isceljen baš u tom času.

Ovo je duhovna vera koja nam dozvoljava da verujemo u ono što ne može biti vidno. I to je takođe vera praćena delima koja nam omogućuje da otkrijemo našu veru sa delima. To je vera sa kojom verujemo da je nešto napravljeno od ničega. Zbog toga je vera definisana kao što sledi u Poslanici Jevrejima 11:1-3: „Vera je tvrdo pouzdanje u ono čemu se nadamo, dokaz stvari koje ne vidimo. Jer u njoj stari dobiše svedočanstvo. Verom poznajemo da je svet rečju Božjom svršen, da je sve što vidimo iz ništa postalo."

Ako vi posedujete duhovnu veru, Bog će uživati u vašoj veri i dozvoliće vam da primite sve što ste potražili. Šta onda mi treba da uradimo da bi posedovali duhovnu veru?

Baš kao što seljak sadi seme na proleće i bere njegove plodove u jesen, mi moramo da posadimo seme vere da bi posedovali plodove duhovne vere.

Sada hajde da pogledamo na to kako da posadimo seme vere kroz parabole sejanja semena i branja njihovih plodova sa polja.

Isus je govorio masi ljudi u parabolama i On im se nije obraćao a da nije koristio parabole (Jevanđelje po Mateju 13:34). To je zato što je Bog duh a mi, koji živimo na ovoj zemlji kao ljudska bića, ne možemo da razumemo duhovno kraljevstvo Božje. Tek kada smo naučili duhovno kraljevstvo sa parabolama ovog fizičkog sveta, mi ćemo moći da razumemo pravu volju Božju. Zbog toga ja ću vam objasniti kako da posejete seme vere i posedujete duhovnu veru sa nekoliko parabola poljoprivrednog zemljišta.

Da posejete seme vere

1) Najpre, vi morate da očistite polje.

Pre svega, seljaku je potrebno polje da bi posadio seme. Da bi njegovo polje bilo podobno, seljak mora da upotrebi prikladna đubriva, prekopa zemlju, izvadi kamenje i razbije grudve zemlje na delove u procesu kultivacije koja uključuje oranje, drljanje i obrađivanje zemljišta. Samo onda će posejano seme u polju dobro rasti i proizvešće žetvu mnogih dobrih plodova.

U Bibliji, Isus nam se predstavio kao četiri vrste polja. Polje se odnosi na srce čoveka. Prva kategorija je polje kraj ivice puta u kome seme ne može biti zasađeno zato što je zemlja mnogo čvrsta; druga je kamenito polje u kome seme jedva može da nikne zbog kamenja u polju; treće je trnovito polje u kome seme niče ali ne raste dobro i ne daje dobre plodove zato što ga trnje guši; i poslednja četvrta je dobro polje gde seme niče, raste dobro, proizvodi cvetove i daje mnoge dobre plodove.

Na isti način, polje srca čoveka je svrstano u četiri kategorije; prvo je srce-polje pored puta u kome oni ne mogu da razumeju reč Božju; drugo je kamenito srce-polje u kome oni primaju reč Božju ali padaju daleko kada iskušenja i proganjanja rastu; treće je trnovito srce-polje u kome brige sveta i i zavodljivost bogatstva guše reč Božju i sprečavaju one koji slušaju o branju plodova; i poslednje i četvrto je dobro srce-polje u kojem oni razumeju Božju reč i beru dobre plodove. Ali bez obzira koju vrstu srca-polja imate, ako vi kultivišete i čistite srce -polje baš kao i seljak koji se trudi i znoji na svom polju, srce-polje može biti okrenuto u ono dobro. Ako je čvrsto, morate da ga okopate i načinite ga mekim; ako je kamenito, vi morate da izvadite kamenje; ako je trnovito, morate da izvadite trnje i onda je načinite dobrom zemljom koristeći „đubrivo."

Ako je seljak lenj, on ne može da očisti polje i načini ga dobrim, dok revnosan seljak daje najbolje od sebe da povrati i očisti zemlju da bi napravio dobro polje. A onda kako se napravi na dobro polje, proizvešće bolje plodove.

Ako vi imate veru, vi ćete dati najbolje što možete da

promenite vaše srce u ono dobro sa naporom i znojem. Onda, kako bi mogli da razumete reč Božju, načinite vaše srce onim dobrim a da bi ubirali mnoge plodove, vi morate da se borite protiv i odbacite vaše grehove do tačke prolivanja krvi. Tako da, sa revnosnim odbacivanjem vaših grehova i zla u skladu sa rečju Božjom baš kao što nam Bog zapoveda da odbacimo svaki oblik zla, vi možete da pomerite svaki kamen iz vašeg srca, iskorenite ga i pretvorite ga u ono dobro.

Seljak se marljivo muči i radi zato što veruje da će ubirati obilne plodove ako izore, drlja i obrađuje zemlju i menja polje u ono dobro. Na isti način, ja vam želim da verujete da ako kultivišete i promenite vaše srce-polje u ono dobro, vi ćete boraviti u ljubavi Božjoj, bićete vođeni ka uspehu i napretku i ući ćete na bolje nebesko mesto i borićete se protiv i odbacićete grehove do tačke prolivanja krvi. Onda, u vaše srce će seme vere biti posađeno i moći ćete da ubirate onoliko plodova koliko ste u mogućnosti.

2) Sledeće, semena su neophodna.

Nakon čišćenja polja, vi treba da posadite seme i pomognete semenu da nikne. Seljak seje različite vrste plodova i ubira obilne plodove različitih vrsta kao što su kupus, zelena salata, tikvice, boranija, crveni pasulj i slično tome.

Na isti način, mi moramo da posadimo različite vrste semena u naše srce-polje. Reč Božja nam govori da se uvek radujemo, molimo bez prestanka, dajemo zahvalnost u svemu, dajemo ceo desetak, održavamo Gospodnji dan svetim i volimo. Kada su ove reči Božje zasađene u vašem srcu, one će niknuti, dobiće pupoljke i rašće proizvodeći duhovne plodove. Vi ćete moći da živite po reči Božjoj i posedujete duhovnu veru.

3) Voda i sunčeva svetlost su neophodni.

Da bi seljak požnjeo dobru žetvu, za njega nije dovoljno samo da očisti polje i da pripremi seme. Voda i sunčeva svetlost su takođe neophodni. Samo onda, seme će niknuti i dobro rasti.

Šta voda predstavlja?

Isus kaže u Jevanđelju po Jovanu 4:14: „A koji pije od vode koju ću mu Ja dati neće ožedneti doveka; nego voda što ću mu Ja dati biće u njemu izvor vode koja teče u život večni." Voda se duhovno odnosi na „vodu koja izvire u večnom životu" a večni život se odnosi na reč Božju kao što je zapisano u Jevanđelju po Jovanu 6:63: „Reči koje vam Ja rekoh duh su i život su." Zbog toga je Isus rekao u Jevanđelju po Jovanu 6:53: „Zaista, zaista vam kažem, ako ne jedete telo Sina Čovečijeg i ne pijete krv Njegovu, nećete imati život u sebi. Koji jede Moje telo i pije Moju krv ima život večni i Ja ću ga vaskrsnuti u poslednji dan.

Jer je telo Moje pravo jelo i krv Moja pravo piće." U skladu sa tim, samo kad marljivo čitate, slušate i dejstvujete po reči Božjoj i iskreno se molite njome, moći da idete putem večnog života i posedujete duhovnu veru.

Sledeće, šta znači sunčeva svetlost? Sunčeva svetlost pomaže semenu da prikladno nikne i dobro raste. Na isti princip, ako reč Božja uđe u vaše srce, onda reč koja je svetlost isteruje tamu iz srca. To pročišćava vaše srce i okreće srce u ono dobro. Tako da, vi možete da posedujete duhovnu veru do mere u kojoj svetlost istine ispunjava vaše srce.

Kroz parabole ratarstva, mi smo naučili da moramo da očistimo srce-polje, pripremimo dobro seme i proizvedemo prikladnu vodu i sunčevu svetlost kako je seme vere posađeno. Sledeće, hajde da pogledamo kako da posadimo seme vere i kako da ga gajimo.

Kako zasaditi i gajiti seme vere

1) Najpre, vi morate da posadite seme vere u skladu sa Božjim putevima.

Seljak seje različita semena u skladu sa tim kakva semena jesu. On sadi neka semena duboko u zemlju, dok su neka površno zasejana. Na isti način, vi morate da razlikujete način sadnje semena vere sa rečju Božjom. Na primer, kada vi posejete molitve, vi morate da uzvikujete sa iskrenim srcem i po osnovnom pravilu da klečite dole kao što je objašnjeno u skladu sa rečju Božjom. Samo onda ćete moći da dobijete Božje odgovore (Jevanđelje po Luki 22:39-46).

2) Drugo, vi morate da sejete sa verom.

Baš kao što je seljak marljiv i strastven kada seje njegovo seme, zato što on veruje i nada se da će moći da bere plodove, vi morate da posejete seme vere - reč Božju - sa radošću i nadom da će vam Bog dozvoliti da imate obilne plodove. Tako da, u 2. Poslanici Korinćanima 9:6-7 On nas ohrabruje, govoreći nam: „Ovo pak velim: koji s tvrđom seje, s tvrđom će i požnjeti; a koji blagoslov seje, blagoslov će i požnjeti. Svaki po volji svog srca, a ne sa žalošću ili od nevolje; jer Bog ljubi onog koji dragovoljno daje."

To je zakon ovoga sveta i zakon duhovnog kraljevstva koji bi trebali da uberemo ma šta god da smo posejali. Tako da, koliko god da vaša vera raste, vaše srce polje će postati bolje. Kako više sejete više ćete požnjeti. Prema tome, ma koju vrstu semena da ste posejali sa verom, budite zahvalni i radujte se kako bi mogli da požnjete obilne plodove.

3) Treće, morate dobro da pazite seme koje je niklo.

Nakon što je seljak pripremio polje i posadio seme, on mora u sezoni biljke da zaliva, da prska insekticidima crve i insekte koji štete, nastavi da đubri polje i čupa korov. U suprotnom će uvenuti i neće moći da raste. Kada je posađena reč Božja, ona takođe mora da bude kultivisana da bi zadržala neprijatelja đavola i Sotonu da joj se približe. Jedan mora da je kultiviše sa revnosnom molitvom, čvrsto se drži za nju sa radošću i zahvalnošću, posećuje službe bogosluženja, deli u hrišćanskom druženju, čita i sluša reč Božju i služi. Onda posejano seme može da nikne, cveta i daje plodove.

Proces u kome cvetovi cvetaju i rađaju se plodovi

Ako se farmer ne brine o semenu nakon što ga zasadi, crvi će ga pojesti, korov će bujati i sprečiće seme da raste i daje plodove. Seljak ne bi trebalo da se plaši svoga rad već da pažljivo gaji biljke dok ne požnje dobre i obilne plodove. Kada pravo vreme dođe, semena rastu, cvetaju i na kraju daju plodove kroz pčele i leptire. Kada plodovi uzreju, seljak radosno može na kraju da požnje dobre plodove. Koliko će radostan biti kada se sav njegov trud i strpljenje pretvori u dobre i vredne plodove kada požnje stotinu, šezdeset ili trideset puta više od onoga što je posejao!

1) Prvo, duhovni cvet cveta.

Šta znači: „Duhovni cvet raste i ispred stavlja duhovne cvetove?" Ako cvetovi cvetaju, oni odaju miris i miris dovodi pčele i leptire. Na isti način, kada smo mi posadili seme reči Božje u naše srce-polje i oni su zbrinuti, do mere da mi živimo u skladu sa reči Božjom mi ispred možemo da stavimo duhovne cvetove i širimo miris Hrista. Pored toga, mi smo u mogućnosti da igramo ulogu svetla i soli sveta tako da mnogi ljudi mogu da vide naša dobra dela i slave našeg nebeskog Oca (Jevanđelje po Mateju 5:16).

Ako vi odajete miris Hrista, neprijatelj đavo će biti isteran i vi ćete moći da slavite Boga u vašim domovima, poslovanjima i radnim mestima. Bilo da jedete ili pijete ili bilo šta da radite, vi možete da slavite Boga. Kao rezultat, vi ćete ubrati plodove evangelizacije, ispunićete kraljevstvo i pravednost Boga i promenićete se u čoveka od duha time što ste očistili vaše srce-polje i načinili ga onim dobrim.

2) Sledeće, plodovi su rodili i sazrevaju.

Nakon što cvetovi procvetaju, plodovi počinju da se rađaju i kada plodovi postanu zreli, seljak ih bere. Ako ovo primenimo u našoj veri, koju vrstu ploda ćemo moći mi da uberemo? Mi možemo da uberemo različite vrste plodova Svetog Duha, uključujući devet plodova Svetog Duha kao što je zapisano u Poslanici Galaćanima 5:22-23, plodove Blaženstva u Jevanđelju po Mateju 5 i plodove duhovne ljubavi kao što je zapisano u 1. Poslanici Korinćanima 13.

Kroz čitanje Biblije i slušajući reč Božju, mi možemo da ispitamo da li smo proizveli cvetove, ubrali plodove i koliko su zreli plodovi. Kada su plodovi potpuno zreli, mi možemo da ih uberemo u bilo koje vreme i uživamo u njima po potrebi. Psalmi 37:4 govore: „Teši se GOSPODOM; i učiniće ti šta ti srce želi." To je isto kao stavljanje novca kao depozit na račun u banci i mogućnost da se potroši taj novac na način na koji to neko želi.

3) Na kraju, požnjećete kao što ste posejali.

U bilo koje vreme u sezoni, seljak žanje kako je šta posadio i on to ponavlja svake godine. Ovde se količina njegove žetve razlikuje u skladu sa tim koliko je on posejao i koliko je marljivo i predano čuvao semena.

Ako ste posejali u molitvi, vaš duh će napredovati a ako ste posejali u lojalnosti i službi, vi ćete uživati u dobrom zdravlju u duhu i telu. Ako ste marljivo posejali u finansijama, vi ćete uživati u finansijskim blagoslovima i pomagaćete siromašnima sa dobrovoljnim prilozima koliko god da to želite. Bog nam obećava u Poslanici Galaćanima 6:7: „Ne varajte se: Bog se ne da ružiti; jer šta čovek poseje ono će i požnjeti."

Mnogi delovi Biblije potvrđuju ovo obećanje Božje koje kaže da će čovek što poseje to i požnjeti. U sedamnaestom poglavlju 1. Knjige Kraljevima je priča o udovici koja je živela u Sareptu. Zato što nije bilo kiše na zemlji i potoci su presušili, ona i njen sin bili su na granici gladovanja. Ali ona je donela pregršt brašna u činiju sa malo ulja u krčagu za Iliju, čoveka Božjeg. U tom vremenu kada je hrana bila vrednija od zlata, ona to nije mogla da učini bez vere. Ona je verovala i oslonila se na reč Božju koja je bila propovedana kroz Iliju i posejala je sa verom. Bog joj zauzvrat dao neverovatne blagoslove zbog njene vere, a ona, njen sin i Ilija su mogli da jedu dok teška glad nije prošla (1. Knjiga Kraljevima 17:8-16).

Jevanđelje po Marku 12:41-44, predstavlja nam siromašnu udovicu koja stavlja dva mala bakarna novčića, čija je vrednost jedan cent, u riznicu. Kakav veliki blagoslov je ona dobila kada je Isus pohvalio njeno delo!

Bog je postavio zakon duhovnog kraljevstva i govori nam da možemo požnjeti šta smo posejali. Ali ja vam zapovedam da se setite da je ismevanje prema Bogu ako želite da požnjete kada niste posejali. Vi morate da verujete da će vam Bog dozvoliti da berete stotinu, šezdeset ili trideset puta više nego što ste posejali.

Kroz parabolu o seljaku, mi smo pogledali na to kako da sejete seme vere i kako da ga gajite kako bi posedovali duhovnu veru. Sada, ja vam želim da povratite vaše srce-polje i da ga načinite dobrim. Sadite semena vere i kultivišite ih. Prema tome, vi treba da sadite koliko god da je moguće i gajite ga sa verom i nadom i strpljenjem kako biste primili blagoslove sto, šezdeset ili trideset puta. Kada pravo vreme dođe, vi ćete požnjeti plodove i daćete veliku slavu Bogu.

Neka svako od vas veruje u svaku reč iz Biblije i poseje seme vere u skladu sa učenjem reči Božje kako bi mogli da berete obilne plodove, slavili Boga i uživali u svim vrstama blagoslova!

Poglavlje 5

„Ako možeš?
Sve stvari su moguće!"

Jevanđelje po Marku 9:21-27

I upita [Isus] oca njegovog: „Koliko ima vremena kako mu se to dogodilo?" A on reče: „Iz detinjstva. I mnogo puta baca ga u vatru i u vodu da ga pogubi. Nego ako šta možeš pomozi nam, smiluj se na nas!" A Isus mu reče: „„„Ako možeš?" Sve je moguće onome koji veruje." Otac je rekao Isusu: „Ja verujem, pomozi mojoj neverici." A Isus videći da se stiče narod, zapreti duhu nečistom govoreći mu: „Duše nemi i gluvi, Ja ti zapovedam, izađi iz njega i više ne ulazi u njega." I povikavši i izlomivši ga vrlo izađe; i učini se kao mrtav tako da mnogi govorahu: „Umre!" A Isus uzevši ga za ruku podiže ga; i usta.

„Ako možeš?" Sve stvari su moguće! • 59

Ljudi skladište njihova životna iskustva kroz utiske kroz koje su prošli uključujući radosti, žaljenja i bolove. Mnogi od njih se ponekad susreću i pate u ozbiljnim problemima koje ne mogu da reše sa suzama, istrajanjem ili uz pomoć drugih.

Ovo su problemi u bolestima koje ne mogu da se izleče sa modernom medicinom; mentalnim problemima zbog stresa u životu koji ne mogu da se otkriju sa bilo kojom vrstom filozofije ili psihologije; problemima kod kuće i sa decom koji ne mogu biti rešeni ni sa najvećom količinom bogatstva; problemi u poslovanjima i finansijama koji se ne mogu ispuniti ni na koje načine ili naporima. I spisak se nastavlja dalje. Ko može da reši sve te probleme?

U Jevanđelju po Marku 9:21-27, mi nailazimo na konverzaciju između Isusa i oca sina koji je bio zaposednut zlim duhovima. Dete je ozbiljno patilo kako od gluvonemosti tako i od epileptičkih napada. On se često bacao u vodu i vatru zbog opsednutosti demonom. Kad god bi ga demoni obuzimali, bacali bi ga na zemlju i on je penio iz ustiju, škrgutao bi zubima i kočio se.

Hajde sada da pogledamo kako da dobijemo rešenje na naše probleme od Isusa.

Isus je prekorio oca zbog njegove neverice

Dete je bilo gluvo i nemo još od rođenja tako da nikoga nije mogao da čuje i imao je ozbiljne probleme da bude razumljiv drugima. Njega je često mučila epilepsija i pokazivao je simptome grčenja. Zbog toga je otac morao da živi u sredini bolova i straha i nije imao ni malo nade u životu.

Vremenom je otac čuo vesti o Isusu koji je vraćao mrtve nazad u život, isceljivao bolesne od svih vrsti bolesti, otvarao oči slepima i izvodio mnoga čuda. Vesti su posadile nadu u očevom srcu. On je mislio: „Ako on ima istu moć kao što sam čuo, on bi mogao da isceli mog sina od svih bolesti." On je pretpostavljao da će sinovljevo isceljenje možda imati priliku da se dogodi. Samo sa takvim očekivanjem on je doveo njegovog sina kod Isusa i Njega molio, govoreći: „Nego ako šta možeš pomozi nam, smiluj se na nas!"

Kada ga je Isus čuo, On ga je prekorio zbog njegove neverice, govorivši mu: „„Ako možeš?" Sve je moguće onome koji veruje." To je bilo zato što je otac čuo o Isusu, ali nije verovao u Njega iz srca.

Da je otac verovao da je Isus Sin Božji i Svemogući sa kojim ništa nije nemoguće i Sama Istina, on nikada ne bi morao da Njemu kaže: „Nego ako šta možeš pomozi nam, smiluj se na nas!"

Bez vere je nemoguće udovoljiti Bogu a bez duhovne vere nemoguće je dobiti odgovore. Kako bi Isus dao priliku da otac razume ovu činjenicu, On je rekao ocu: „Ako možeš?" i prekorio zato što nije u potpunosti verovao.

Kako posedovati potpunu veru

Kada verujete u ono što ne može da se vidi, vaša vera može biti prihvatljiva za Boga i vera je nazvana „duhovna vera," „iskrena vera," „živa vera" ili „vera praćena delima." Sa ovom verom vi možete verovati da je nešto napravljeno od ništavila. To je zato što je vera tvrdo čekanje onog čemu se nadamo i dokazivanje onog što ne vidimo (Poslanica Jevrejima 11:1-3).

Vi morate da verujete u srcu put krsta, vaskrsenja, povratka Gospoda, stvaranja Božjeg i čuda. Samo tada možete biti smatrani da imate potpunu veru. Kada vi priznajete veru sa vašim usnama, to je prava vera.

Postoje tri uslova da u potpunosti posedujete veru.

Pre svega, barijera grehova protiv Boga mora biti uništena. Ako vidite da imate barijeru ispunjenu grehovima, vi morate da je uništite kroz pokajanje od grehova. Osim toga, vi morate da se borite protiv vaših grehova do tačke prolivanja krvi i izbegnete svaki oblik zla da ne bi počinili ni jedan greh. Ako vi mrzite greh do mere da se pri samoj pomisli na greh osećate zabrinuto i postajete nervozni i strah vas na sam pogled na greh, kako možete da se usudite da zgrešite? Umesto da živite život u grehu vi možete da komunicirate sa Bogom i da posedujete potpunu veru.

Drugo, vi mora da pratite volju Božju. Kako bi činili volju Božju, vi morate jasno da razumete koja je volja Božja. Onda, bez obzira šta vi lično želite, ako to nije volja Božja, vi to ne treba da radite. Sa druge strane, šta god da je to što ne želite da uradite, ako je to volja Božja, vi morate to da učinite. Kada pratite Njegovu volju svim vašim srcem, snagom i mudrošću, On će vam dati potpunu veru.

Treće, vi morate da ugodite Bogu sa ljubavlju prema Njemu. Ako vi radite sve stvari zbog slave Božje, bilo da jedete ili pijete ili bilo šta da radite i ako ugađate Bogu čak i žrtvujući sebe, uvek ćete posedovati potpunu veru. Vera je ta koja čini mogućim ono što je nemoguće. Sa ovom potpunom verom, vi nećete verovati samo u ono što je viđeno i moguće da se ispuni sa vašom snagom, već takođe i ono što nije viđeno i nemoguće sa ljudskim osobinama. Prema tome, kada vi priznate ovu potpunu veru, sve što je nemoguće postaće moguće.

Prema tome, reč Božja koja govori: „„Ako možeš?" Sve je

moguće onome koji veruje" će doći nad vama i vi ćete moći da slavite Njega u svemu što radite.

Ništa nije nemoguće onom ko veruje

Kada vam je data potpuna vera, ništa nije nemoguće za vas i vi možete da dobijete rešenja na sve vrste problema. U kojim oblastima vi možete da iskusite moć Božju koja čini nemoguće mogućim? Hajde da pogledamo na tri vrste oblasti.

Prvo od tri oblasti su problemi bolesti.

Pretpostavimo da ste bolesni zbog bakterijske ili virusne infekcije. Ako vi pokažete veru ili ste ispunjeni Svetim Duhom, vatra Svetog Duha će spaliti te bolesti i vi ćete biti isceljeni. Mnogo detaljnije, ako se pokajete od vaših grehova i okrenete se od njih, vi možete biti isceljeni kroz molitve. Ako ste početnik u veri, vi morate da otvorite vaše srce i slušate reč Božju sve dok niste u mogućnosti da pokažete vašu veru.

Sledeće, ako ste pogođeni ozbiljnom bolešću koja ne može biti izlečena sa medicinskim tretmanima, vi morate da pokažete dokaz velike vere. Samo kada se potpuno pokajete u svojim grehovima kidajući vaše srce i držite se uz Boga kroz molitve u suzama, vi možete biti isceljeni. Ali oni koji imaju slabu veru ili koji su tek počeli da idu u crkvu ne mogu biti isceljeni sve dok im ne bude data duhovna vera i kako im je sve više bliža ta vera, malo po malo dela isceljenja im se događaju.

Na kraju, fizički deformiteti, abnormalnosti, hromost, gluvoća, mentalni i fizički hendikepirana stanja i nasledni problemi ne mogu biti obnovljeni bez Božje moći. Oni koji pate od takvih uslova treba da pokažu njihovu iskrenost pred Bogom i predstave dokaz vere da vole i ugode Njemu kako bi bili prepoznati od strane Boga i onda dela isceljenja mogu da im se dogode kroz moć Božju.

Ova dela isceljenja mogu da im se dogode samo kada pokažu dela vere na način na koji ih je pokazao slepi prosjak Vartimej koji je dozivao Isusa (Jevanđelje po Marku 10:46-52), kapetan koji je otkrio njegovu veliku veru (Jevanđelje po Mateju 8:6-13) i paralizovan čovek i njegova četiri prijatelja koji su predstavili dokaz njihove vere pred Isusom (Jevanđelje po Marku 2:3-12).

Druga oblast su finansijski problemi.

Ako pokušavate da rešite finansijske probleme sa vašim znanjem, putevima i iskustvom bez pomoći od Boga, problem može biti rešen samo u skladu sa vašim sposobnostima i naporima. Međutim, ako odbacite sve vaše grehove, pratite volju Božju i predate Bogu vaše probleme sa verovanjem da će vas povesti na Njegov put, onda će vaša duša napredovati, sve što radite ići će vam dobro i uživaćete u dobrom zdravlju. Šta više, zato što hodate u Svetom Duhu, vi ćete dobiti blagoslove Božje. Jakov je pratio ljudske puteve i mudrost u njegovom životu sve dok se nije rvao sa anđelom Božjim na reci Javok. Anđeo je dotakao čašicu butne kosti i butna kost se iščašila iz čašice. U ovom rvanju sa anđelom Božjim, on je sebe predao Bogu i sve je Njemu ostavio. Od tog vremena pa na dalje on je dobio blagoslove od Boga zato što je bio sa njim. Na isti način, ako volite Boga, njemu ugađate i predate sve Njemu u ruke, sve će vam ići na dobro.

Treće se tiče toga kako da dobijete duhovnu snagu.

Mi nailazimo u 1. Poslanici Korinćanima 4:20 da se Božje kraljevstvo ne sastoji od reči već od moći. Moć postaje veća kako sve više posedujemo potpunu veru. Božja moć nam dolazi različito u skladu sa našom merom molitva, verom i ljubavlju. Dela Božjih čuda, koja su na višem nivou od dara isceljenja, mogu biti izvedena samo od strane onih koji dobijaju Božju moć kroz molitve i post.

Prema tome, ako posedujete potpunu veru, nemoguće će postati vama moguće i možete sa hrabrošću da priznate: „Ako možeš? Sve je moguće onome koji veruje."

„Ja verujem, pomozi mojoj neverici."

Postoji neophodan proces kako bi primili rešenja za bilo koju vrstu problema.

Prvo, da bi započeo proces vi morate da ponudite pozitivno priznanje sa vašim usnama.

Postojao je otac koji je bio u agoniji dugo vremena zato što je njegov sin bio zaposednut zlim duhovima. Kada je otac čuo o Isusu, on je počeo da ima čežnju u srcu da Njega vidi. Kasnije je otac doveo njegovog sina kod Isusa sa očekivanjem da će postojati šansa da će njegov sin moći da bude isceljen. Čak iako on nije imao sigurnost u tome, on je pitao Isusa da isceli njegovog sina.

Isus je prekorio oca zato što je rekao: „Ako možeš?" Ali zatim On ga je ohrabrio rekavši mu: „Sve je moguće onome koji veruje." Na ove reči ohrabrenja, otac je uzviknuo i rekao: „Ja verujem, pomozi mojoj neverici." Prema tome, on je dao ovo pozitivno priznanje pred Isusom.

Zato što je čuo samo sa njegovim ušima da su sve stvari moguće sa Isusom, on je to razumeo u svom mozgu i priznao je veru sa njegovim usnama, ali nije priznao veru koja bi učinila da veruje iz srca. Iako je imao veru kao znanje, njegovo pozitivno priznanje postalo je podsticaj vršenja duhovne vere i dovelo ga da dobije odgovor.

Sledeće, vi morate da posedujete duhovnu veru koja čini da verujete iz srca.

Otac demonom opsednutog deteta imao je žarku želju da dobije duhovnu veru i rekao je Isusu: „Ja verujem, pomozi mojoj neverici" (Jevanđelje po Marku 9:23). Kada je Isus čuo očev zahtev, On je znao za očevo iskreno srce, istinitost, iskrenu molbu i veru i tako mu je On dao duhovnu veru koja mu je dozvolila da veruje iz njegovog srca. Prema tome, pošto je otac počeo da poseduje duhovnu veru, Bog je mogao da radi za njega i on je dobio odgovore od Boga.

Kada je Isus zapovedio u Jevanđelju po Marku 9:25: „Duše nemi i gluvi, Ja ti zapovedam, izađi iz njega i više ne ulazi u njega"

Jednom rečju, dečakov otac nije mogao da dobije Božji odgovor sa telesnom verom koja je bila sačuvana jedva kao znanje. Ali, odmah kako je primio duhovnu veru, Božji odgovor mu je bio odmah dat.

Treća oblast u procesu je da uzvikujete u molitvi sve do poslednjeg momenta dok dobijate odgovore.

U Jeremiji 33.3, Bog nam obećava: „Zovi Me i odazvaću ti se i kazaću ti velike i tajne stvari, za koje ne znaš," a u Jezekilju 36:36 On nas uči: „Još će Me tražiti dom Izrailjev da im učinim." Kao što je gore navedeno, Isus, proroci Starog Zaveta i učenici Novog

Zaveta uzvikivali su i molili su se Bogu da bi dobili Njegove odgovore.

Po istom principu, samo kroz uzvikivanje u molitvi vi možete da dobijete veru koja vam dozvoljava da verujete iz srca i samo kroz takvu duhovnu veru vi možete da dobijete odgovore na vaše molitve i probleme. Vi morate da uzvikujete u molitvama sve dok ne dobijete odgovore i onda će za vas nemoguće postati moguće. Otac demonom opsednutog dečaka mogao je da dobije odgovor zato što je uzvikivao prema Isusu.

Ova priča o ocu demonom opsednutog dečaka daje nam važnu lekciju u zakonu Božjem. Kako bi iskusili reč Bogu koja govori: „Ako možeš?" Sve je moguće onome koji veruje," vi morate da okrenete vašu telesnu veru ka duhovnoj veri koja vam pomaže da posedujete potpunu veru, stanete na kamen i povinujete se bez sumnji.

Da sumiramo procese, prvo mi morate da date pozitivno priznanje sa vašom telesnom verom koja je skladirana kao znanje. Onda morate da uzvikujete ka Bogu u molitvama sve dok ne dobijete odgovore. I na kraju vi morate da dobijete duhovnu veru od gore koja vam omogućuje da verujete iz srca.

I, da bi se susreli sa sva tri uslova da bi dobili potpune odgovore, prvo morate da uništite zid greha protiv Boga. Sledeće, pokažite dela vere sa iskrenošću. Onda pustite da vaša duša napreduje. Koliko god da ispunite ova tri uslova, vama će biti data duhovna vera od gore i biće moguće ono što je nemoguće.

Ako pokušate da uradite stvari sami umesto da ih predate svemogućem Bogu, vi ćete imati nevolje i susrešćete se sa poteškoćama. Suprotno tome, ako uništite ljudske misli koje vas teraju da razmotrite da je to nemoguće i prepustite sve Bogu, On će učiniti sve za vas, šta će biti nemoguće?

Telesne misli su neprijateljski naklonjene prema Bogu (Poslanica Rimljanima 8:7). One vas ometaju u verovanju i uzrokuju vam da razočarate Boga čineći negativna priznanja. One pomažu Sotoni da donese optužbe protiv vas i takođe donosi testove, iskušenja, nevolje i poteškoće nad vama. Prema tome, vi morate da uništite ove telesne misli. Bez obzira sa kojim vrstama problema s vi susrećete, uključujući problem napredovanja vaše duše, poslovanja, posla, bolesti i porodice, vi treba da ih predate u Božje ruke. Vi mora da se oslonite na svemogućeg Boga, verujete da će On učiniti mogućim ono što je nemoguće i uništite sve vrste telesnih misli sa verom.

Kada vi date pozitivno priznanje govoreći: „Ja verujem" i molite se Bogu iz srca, Bog će vam dati veru koja će vam pomoći da verujete iz srca i sa ovom verom On će vam dozvoliti da dobijete odgovore na sve vrste problema i Njega slavite. Kako je ovo samo blagosloven život!

Da hodate samo u veri kako bi ispunili kraljevstvo i pravednost Božju, da ispunite Poslanje apostola u propovedanju jevanđelja svetu i da činite volju Božju koja vam je dodeljena i da činite od nemogućeg moguće kao vojnik krsta i osvetlite svetlo Hrista, u ime Isusa Hrista ja se molim!

Poglavlje 6

Danilo se oslanjao jedino na Boga

Danilo 6:21-23

Tada Danilo reče kralju: ,,Kralju, da si živ doveka! Bog moj posla anđela Svog i zatvori usta lavovima, te mi ne naudiše; jer se nađoh čist pred Njim, a ni tebi kralju, ne učinih zla." Tada se kralj veoma obradova tom i zapovedi da izvade Danila iz jame. I izvadiše Danila iz jame i ne nađe se rane na njemu, jer verova Bogu svom.

Kada je on bio dete, Danilo je bio odveden u ropstvo u Vavilonu. Ali kasnije, on je postavljen na poziciju kao kraljev miljenik kao desna ruka kralja. Zato što je on voleo Boga do najvišeg stepena, Bog mu je podario znanje i inteligenciju u svakoj oblasti kulture i mudrosti. Danilo je čak i razumeo sve vrste vizija i snova. On je bio političar i prorok koji je otkrio moć Božju.

Tokom čitavog njegovog života, Danilo se nije kompromitovao sa svetom u službi Božjoj. On je prevazišao sva iskušenja i testove sa verom mučenika i slavio je Boga u velikim pobedama sa verom. Šta bi mi trebali da uradimo da posedujemo istu veru kao što je on posedovao?

Hajde da istražimo zašto je Danilo, koji je bio odmah do kralja kao vladar Vavilona, bačen u lavlji kavez i kako je preživeo u lavljem kavezu bez ijedne ogrebotine na telu.

Danilo, čovek od vere

Za vreme vladavine kralja Rovoama, ujedinjeno kraljevstvo Izraela je podeljeno na dva dela - južno kraljevstvo Judeje i severno kraljevstvo Izraela, zbog degradacije kralja Solomona (1. Knjiga Kraljevima 11:26-36). Kraljevi i nacije koje su se pokorile zapovestima Božjim bile su napredne ali oni koji se nisu pokorili zakonu Božjem su uništeni.

U godini 722 pre Hrista, severno kraljevstvo Izraela srušilo se pod napadom Asirije. U to vreme mnogi ljudi su bili zarobljeni u Asiriji. Južno kraljevstvo Judeje je bilo takođe napadnuto, ali nije bilo uništeno.

Kasnije je kralj Navuhodonosor napao južno kraljevstvo Judeje i u trećem pokušaju je srušio grad Jerusalim i uništio hram Božji. To je bilo u godini 586 pre Hrista.

U trećoj godini kraljevine Joakima, kralj Judeje, Navuhodonosor kralj Vavilona došao je u Jerusalim i opkolio je.

U ovom napadu, kralj Navuhodonosor vezao je kralja Joakima jakim bronzanim lancima da bi ga odveo u Vavilon, a takođe je i poneo nekoliko predmeta iz Božjeg doma u Vavilon.

Danilo je pored kraljevske porodice i plemstva uzet među prvim zarobljenicima. Oni su živeli u zemlji neznabožaca, ipak Danilo je napredovao dok je služio nekoliko kraljeva - Navuhodonosoru i Valtasaru, koji su bili kraljevi Vavilona i Dariju i Kiru koji su bili kraljevi Persije. Danilo je živeo u zemlji neznabožaca dugo vremena i služio je zemljama kao jedan od vladara posle kraljeva. Ali on je pokazao veru sa kojom se on nije kompromitovao sa svetom i vodio je pobednički život kao prorok Božji.

Navuhodonosor, kralj Vavilona naredio je šefu njegovih zvaničnika da uvedu neke od sinova Izraela, uključujući neke iz kraljevske porodice i plemstva, mlade u kojima nema mana, koji su bili dobrog izgleda, koji pokazuju inteligenciju u svakoj grani mudrosti, obdareni sa razumevanjem i pronicljivog znanja i koji imaju sposobnost da služe na kraljevom dvoru; i naredio je njemu da ih uči literaturi i jeziku Haldejaca i da imaju hranu po izboru kralja i vino koje on pije i naznačio je da oni treba da budu edukovani tri godine. Danilo je bio jedan od njih (Danilo 1:4-5).

Ali Danilo je promenio mišljenje da on neće sebe ukaljati kraljevim izborom hrane ili sa vinom koje je pio, tako da je potražio dozvolu od komandanta zvaničnika da ne bi sebe ukaljao (Danilo 1:8). Ovo je bila vera Danila koji je želeo da održava Božji zakon. Sada je Bog odobrio naklonost i samilost u očima komandanta zvaničnika (stih 9). Tako da je nadzornik nastavio da uzima njegov i izbor hrane njegovih prijatelja i vina koje su trebali da piju i nastavio je da im daje bareno povrće (stih 16).

Pošto je On video veru Danila, Bog mu je dao znanje i inteligenciju u svakoj grani literature i mudrost; Danilo je čak razumeo sve vrste vizija i snova (stih 17). I u svemu čemu treba mudrost i razum, za šta ih kralj zapita, nađe da su deset puta bolji od svih vrača i zvezdara što ih beše u svemu kraljevstvu njegovom (stih 20).

Kasnije je kralj Navuhodonosor bio zabrinut zbog sna koji je sanjao i nije mogao da spava i niko od Haldejaca nije mogao da protumači njegov san. Ali Danilo je uspeo da ga protumači uz mudrost i moć Božju. Onda je kralj unapredio Danila i dao mu mnogo velikih darova i načinio ga vladaocem cele provincije Vavilona i starešinom nad svim mudracima Vavilona (Danilo 2:46-48).

Ne samo u vreme vladavine Navuhodonosora kralja Vavilona već takođe i u vreme vladavine Valtazara Danilo je stekao naklonost i priznanje. Kralj Valtazar izdao je objavu da je Danilo imao vlast kao treći vladalac u kraljevstvu. Kada je kralj Valtazar bio ubijen i kada je Darije postao kralj, Danilo je ipak stekao naklonost kralja.

Kralj Darije je postavio 120 namesnika nad kraljevstvom i nad njima još tri starešine. Ali pošto se Danilo razlikovao od namesnika i starešina sa svojim izvanrednim duhom, kralj je planirao da ga postavi nad celim kraljevstvom.

Tada su namesnici i starešine pokušavali da pronađu osnovu za optužbu protiv Danila u vezi državnih poslova; ali nisu mogli da pronađu nijedan osnov za optužbu niti dokaz o korupciji pošto je bio veran i ni jedan nemar niti ni jedan dokaz o korupciji nije mogao da se u njemu pronađe. Oni su kovali plan da pronađu osnovu za optužbu protiv Danila koja je u odnosu sa zakonom Božjim. Oni su tražili od kralja da treba da postavi zakon i oštru zabranu da svako ko se moli za nešto bilo kom bogu pored kralja, treba da bude bačen u lavlji kavez trideset dana. I oni su tražili da kralj uspostavi naredbu i potpiše dokumenat koji ne može biti promenljiv u skladu sa zakonom Midejaca i Persijanaca i koji ne kože biti opozvan. Dakle, kralj Darije je potpisao dokumenat koji je naredba.

Kada je Danilo saznao da je dokument potpisan, on je ušao u njegovu kuću i u šupljinama na njegovom krovu imao je otvorene prozore prema Jerusalimu; i on je nastavio da kleči na kolenima tri puta na dan, moleći se i davajući zahvalnost pred njegovim Bogom, kao što je činio to ranije (Danilo 6:10). Danilo je znao da bi trebao da bude bačen u lavlji kavez ako prekrši zabranu, ali se odlučio za smrt mučenika i služio je samo Bogu.

Čak i u sredini ropstva u Vavilonu, Danilo se uvek sećao milosti Božje i revnosno je Njega voleo do tačke da je klečao na zemlji, molio se i davao Njemu zahvalnost tri puta na dan bez prestanka. On je imao jaku veru i nikada se nije kompromitovao sa svetom u njegovoj službi prema Bogu.

Bačen Danilo u lavlji kavez

Ljudi koji su bili ljubomorni na Danila došli su do sporazuma i naišli na Danila koji se molio i preklinjao pred svojim Bogom. Onda su prišli i govorili pred kraljem o kraljevoj naredbi. Na kraju je kralj shvatio da su ljudi od njega zahtevali da postavi naredbu ne zbog samog kralja već zbog njihovih spletkarenja u uklanjanju Danila i bio je veoma iznenađen. Ali pošto je kralj potpisao dokument i objavio naredbu, on sam nije mogao da je preokrene. Odmah nakon što je kralj čuo ovu izjavu, on je bio duboko uznemiren i razmišljao je o tome kako da Danila izbavi. Ali namesnici i starešine primorali su kralja da sprovede zabranu i kralj nije imao izbora osim da to uradi.

Kralj je bio primoran da izda naređenje i Danilo je bio bačen u lavlji kavez i kamen je postavljen na vrata kaveza. Ovo je bilo zato što se ništa neće promeniti u odnosu na Danila.

Onda je kralj, koji je voleo Danila, otišao u svoj dvor i proveo noć u postu i ni jedna vrsta zabave mu nije bila dovedena; i nije mogao da zaspi. Onda je kralj ustao u zoru i u žurbi otišao do lavljeg kaveza. Bilo je sasvim prirodno za očekivati da bačen Danilo u kavez gladnih lavova bude pojeden. Ali kralj koji je u žurbi išao do lavljeg kaveza očekivao je da bi možda mogao da preživi.

U to vreme, mnogi osuđivani kriminalci bivali su bačeni

u lavlje kaveze. Ali kako je mogao Danilo da nadvlada gladne lavove i preživi tamo? Kralj je mislio u sebi bi Bog kome je Danilo služio mogao da njega spasi i prišao je kavezu. Kralj je uzviknuo zabrinutim glasom, progovorio je i rekao Danilu: „Danilo, slugo Boga živoga, Bog tvoj, kome služiš bez prestanka, može li te izbaviti od lavova?"

Na njegovu zaprepašćenost Danilov glas se čuo i lavljeg kaveza. Danilo reče kralju: „Kralju, da si živ doveka! Bog moj posla anđela Svog i zatvori usta lavovima, te mi ne naudiše; jer se nađoh čist pred Njim, a ni tebi kralju, ne učinih zla" (Danilo 6:21-23).

Tada se kralj veoma obradova tom i zapovedi da izvade Danila iz jame. Kada je Danilo izvađen iz lavljeg kaveza, nijedna rana nije bila na njemu. Koliko je neverovatno to bilo! Ovo je bio veliki trijumf koji je bio izveden verom Danila koji je verovao u Boga! Zato što je Danilo verovao u živog Boga, on je preživeo u sredini gladnih lavova i otkrio je slavu Božju čak i nejevrejima.

Potom zapovedi kralj, te dovedoše ljude koji behu optužili Danila i baciše u jamu lavovsku njih, decu njihovu i žene njihove; i još ne dođoše na dno jami, a lavovi ih zgrabiše i sve im kosti potrše (Danilo 6:24). Onda je kralj Darije napisao je svim narodima, nacijama i ljudima na svim jezicima koji su živeli u svim zemljama i dozvolio im je da se plaše Božjeg otkrivanja njima ko je Bog.

Kralj im je izjavio: „Mir da vam se umnoži! Od mene je zapovest da se u svoj državi carstva mog svak boji i straši Boga Danilovog, jer je On Bog živi, koji ostaje doveka i carstvo se Njegovo neće rasuti i vlast će Njegova biti do kraja. On izbavlja i spasava i čini znake i čudesa na nebu i na zemlji, On je izbavio Danila od sile lavovske" (Danilo 6:26-27).

Koliko je velika pobeda vere? Sve ovo se dogodilo zato što ni jedan greh nije pronađen u Danilu i on je u potpunosti verovao u Boga. Ako mi hodamo u reči Božjoj i boravimo u Njegovoj ljubavi, u bilo kojoj vrsti situacije ili uslova, Bog će vas opskrbiti sa putem za izlazak i daće vam pobedu.

Danilo, pobednik velike vere

Koju vrstu vere je Danilo posedovao da je mogao da da takvu veliku slavu Bogu? Hajde da pogledamo koju vrstu vere je Danilo imao da je mogao da prevaziđe bilo koja iskušenja i nevolje i otkrije slavu živog Boga mnogim ljudima.

Najpre, Danilo nikada nije kompromitovao njegovu veru sa bilo čim sa ovoga sveta ni iz jednog razloga.

On je bio zadužen za opšte poslove u zemlji kao jedan od namesnika Vavilona i bio je vrlo dobro svestan da će biti bačen u lavlji kavez ako prekrši naredbu. Ali on nikada nije pratio ljudske misli i mudrost. On se nije plašio ljudi koji su kovali zavere protiv njega. On je kleknuo na zemlju i molio se Bogu kao što je to ranije činio. Da je on pratio ljudske misli, za vreme 30 dana dok je zabrana bila na snazi, on je mogao da prestane da se moli Bogu ili da se moli u tajnoj sobi. Danilo, ipak nije učinio ni jedno od ta dva. On nije tražio da mu se život poštedi niti se kompromitovao sa svetom. On je samo održavao svoju veru sa njegovom ljubavlju prema Bogu.

Jednom rečju, to je bilo zbog toga zato što je on imao veru mučenika da, iako je znao da je dokument bio potpisan, on je ušao u svoj dom i na njegovom krovu on je imao otvoren prozor prema Jerusalimu. On je nastavio da kleči tri puta na dan, moleći se i davajući zahvalnost pred njegovim Bogom, kao što je to i ranije činio.

Drugo, Danilo je imao veru sa kojom nije prestajao da se moli.

Kada je pao u situaciju u kojoj je morao sebe da pripremi za smrt, on se molio Bogu kao što je navikao ranije. On nije hteo da počini greh da prestane da se moli (1. Samuelova knjiga 12:23).

Molitve su dahovi naših duhova, tako da mi ne treba da

prestanemo da se molimo. Kada nas zadese testovi i iskušenja, mi moramo da se molimo a kada smo u miru, mi treba da se molimo da ne upadnemo u nevolje (Jevanđelje po Luki 22:40). Zato što on nije prestao da se moli, Danilo je mogao da zadrži njegovu veru i prevaziđe iskušenja.

Treće, Danilo je imao veru sa kojom je davao zahvalnost u bilo kojim okolnostima.

Mnogi očevi vere zapisani u Bibliji daju zahvalnost u svemu sa verom zato što su oni znali da je to prava vera i daju zahvalnost u bilo kojim okolnostima. Kada je Danilo bio bačen u lavlji kavez zato što je pratio zakon Božji, to je postala pobeda u veri. Čak i da su ga pojeli lavovi, on bi bio stavljen u ruke Božje i živeo bi u večnom kraljevstvu Božjem. Bez obzira kakav bi ishod trebao da bude, u njemu nije bilo straha! Ako osoba u potpunosti veruje u nebesa, ona ne može da se plaši smrti.

Čak iako je Danilo trebao da živi u miru kao vladalac kraljevstva posle kralja, to bi bila samo privremena čast. Ali ako bi zadržao svoju veru i umro mučeničkom smrću, on bi bio prepoznat od Boga, smatran kao veliki u nebeskom kraljevstvu i živeo bi u večnoj sijajućoj slavi. Zbog toga je on kao jedinu stvar koju je davao bila zahvalnost.

Četvrto, Danilo nikada nije zgrešio. On je imao veru sa

kojom je pratio i praktikovao reč Božju.

Što se tiče državnih poslova, nisu postojale osnove za optužbu protiv Danila. Nije bilo traga korupciji, nemara niti neiskrenosti u njemu. Koliko je čist njegov život bio! Danilo nije osećao žalost i nije imao loša osećanja prema kralju koji je naredio da ga bace u lavlji kavez. Umesto toga, on je i dalje bio veran kralju do mere da je progovorio i rekao njemu: „Kralju, da si živ doveka!" Da mu je ovaj test bio dat zato što je počinio greh, Bog ne bi mogao da ga zaštiti. Ali pošto Danilo nije počinio greh, on je mogao da bude zaštićen od strane Boga.

Peto, Danilo je imao veru u kojoj je u potpunosti verovao samo Bogu.

Ako mi imamo ponizan strah od Boga, u potpunosti se oslonimo na Njega i predamo u Njegove ruke svaku stvar, On će rešiti za nas sve vrste problema. Danilo je kompletno verovao Bogu i u potpunosti se oslonio na Njega. Tako da, on se nije kompromitovao sa svetom već je izabrao zakon Božji i tražio je Božju pomoć. Bog je video Danilovu veru i učinio da mu sve ide dobro. Blagoslovi su dodavani na blagoslove tako da je velika slava mogla da bude data Bogu.

Ako mi imamo istu veru koju je Danilo imao, bez obzira sa kojim vrstama iskušenja i nevolja se susrećemo, mi možemo da ih pređemo, okrenemo ih u prilike blagoslova i iznesemo ih kao svedočenje o živom Bogu. Neprijatelj đavo se šunja naokolo i traži nekoga da prožedere. Tako da, mi moramo da odupremo đavolu sa jakom verom i živimo pod zaštitom Boga pridržavajući se i poštujući reč Božju.

Kroz iskušenja koja nam dolaze i traju na momenat, Bog će usavršiti, potvrditi, ojačati i utemeljiti nas (1. Petrova Poslanica 5:10). Da posedujete istu veru kao Danilo, sve vreme hodate sa Bogom i Njega slavite, u ime našeg Gospoda Isusa Hrista ja se molim!

Poglavlje 7

Bog daje unapred

Postanak 22:11-14

Ali anđeo Gospodnji viknu ga s neba i reče: "Avrame, Avrame!" A on odgovori: "Evo me." Ne diži ruku svoju na dete i ne čini mu ništa; jer sada poznah da se bojiš Boga, kad nisi požalio sina svog, jedinca svog, Mene radi." I Avram podigavši oči svoje pogleda; i gle, ovan iza njega zapleo se u česti rogovima; i otišavši Avram uze ovna i spali ga na žrtvu mesto sina svog. I nazva Avram ono mesto GOSPOD će se postarati, zato se i danas kaže: "Na brdu, gde će se GOSPOD postarati."

Jehovah-jireh! (GOSPOD će se postarati) Kako uzbudljivo je tako kada se čuje! To znači da je Bog pripremio sve unapred. Danas mnogi su vernici u Boga čuli i znaju da Bog čini, priprema i vodi nas unapred. Ali mnogi ljudi ne uspevaju da iskuse ovu reč Božju u njihovim životima sa verom. Reč „Jehovah-jireh" je reč blagoslova, pravednosti i nade. Svako želi i teži kao ovim stvarima. Ako mi ne shvatimo stazu na koju se ova reč odnosi, mi ne možemo da uđemo na put blagoslova. Tako da, ja želim da podelim sa vama veru Avrama kao primer čoveka koji je dobio blagoslov „Jehovah-jireh."

Avram je postavio reč Božju iznad svega

Isus je rekao u Jevanđelju po Marku 12:30: „Ljubi Gospoda Boga svog svim srcem svojim i svom dušom svojom i svom misli svojom." Kao što je opisano u Postanku 22:11-14, Avram je voleo Boga do te mere da je mogao da komunicira sa Bogom licem u lice, razumeo je volju Božju i dobio je blagoslov Jehovah-jireh. Vi treba da razumete da nije ni malo slučajno što je on to sve dobio.

Avram je postavio Boga iznad svega i smatrao je Njegovu reč mnogo važnijom od bilo čega drugoga. Tako da, on nije pratio njegove sopstvene misli i uvek je bio spreman da se povinuje Bogu. Zato što je bio iskren prema Bogu i sebi bez ikakvih neistina, on je bio spreman do dubine u njegovom srcu da primi blagoslove.

Bog je rekao Avramu u Postanku 12:1-3: „Idi iz zemlje svoje i od roda svog i iz doma oca svog u zemlju koju ću ti ja pokazati; I učiniću od tebe velik narod i blagosloviću te i ime tvoje proslaviću i ti ćeš biti blagoslov; blagosloviću one koji tebe uzblagosiljaju i prokleću one koji tebe usproklinju. I u tebi će biti blagoslovena sva plemena na zemlji."

U ovoj situaciji, da je Avram koristio ljudske misli, on bi se osetio pomalo zabrinutim kada mu je Bog zapovedio da krene napred iz njegove zemlje, njegovih rođaka i očeve kuće. Ali on je smatrao Boga Ocem, Stvoriteljem, kao prvim. Čineći tako on je mogao da se povinuje i prati volju Božju. Na isti način, svako može da se povinuje Bogu sa radošću ako zaista voli Boga. To je zato što on veruje da Bog uzrokuje da sve dobro bude za njega.

Mnogi delovi Biblije nam pokazuju da su mnogi očevi vere koji su smatrali reč Božju iznad svega hodali u skladu sa Njegovom rečju. 1. Knjiga Kraljevima 19:20-21 kaže: „ A on [Jelisej] ostavi volove i otrča za Ilijom i reče: „Da celujem oca svog i mater svoju; pa ću ići za tobom." A on mu reče: „Idi, vrati se, jer šta sam ti učinio?" I on se vrati od njega i uze jaram volova i zakla ih i na drvima od pluga skuva meso i dade ga narodu, te jedoše. Potom ustavši otide za Ilijom i služaše mu." Kada je Bog pozvao Jeliseja kroz Iliju, on je odmah napustio sve što je imao i išao je po volji Božjoj.

Isto je bilo i sa učenicima Isusovim. Kada ih je Isus pozvao, oni su Njega odmah pratili. Jevanđelje po Mateju 4:18-22 nam govori: „I idući pokraj mora galilejskog vide dva brata, Simona, koji se zove Petar i Andriju brata njegovog, gde meću mreže u more, jer behu ribari. I reče im: „Hajdete za mnom i učiniću vas lovcima ljudskim." A oni taj čas ostaviše mreže i za Njim otidoše. I otišavši odatle vide druga dva brata, Jakova Zevedejevog i Jovana brata njegovog, u lađi sa Zevedejem ocem njihovim gde krpe mreže svoje i pozva ih. A oni taj čas ostaviše lađu i oca svog i za Njim otidoše."

Zbog toga ja vam oštro naređujem da posedujete veru sa kojom možete da se povinujete ma koja god da je volja Božja i da smatrate da je Božja reč na prvom mestu kako bi Bog mogao da čini za dobro u svemu za vas sa Njegovom moći.

Avram je uvek odgovorio: „Da"

U skladu sa Božjom rečju, Avram je napustio njegovu zemlju Haran i otišao je u zemlju Hanan. Ali pošto je glad tamo bila veoma ozbiljna, on je morao da se premesti u zemlju Egipat (Postanak 12:10). Kada se tamo premestio, Avram je nazvao njegovu suprugu „sestra" da ga ubiju. U vezi sa tim, neki kažu da je obmanuo ljude oko njega govoreći im da je ona njegova sestra zato što se plašio i bio kukavica. Ali u stvarnosti on im nije lagao, već je samo koristio njegove ljudske misli. To je dokazano činjenicom da kada mu je zapovedano da napusti njegovu zemlju, on se povinovao bez straha. Tako da, nije istina da ih je on obmanuo da je ona bila njegova sestra zato što je bio kukavica. On je to učinio, ne samo zato što je ona zaista bila jedna od njegovih rođaka, već takođe zato što je mislio da je bolje da je zove „sestra" umesto „žena."

Dok je boravio u Egiptu, Avram je bio prečišćen od strane Boga da je mogao u potpunosti da se osloni na Boga sa savršenom verom a da ne prati ljudsku mudrost i misli. On je uvek bio spreman da se povinuje, ali u njemu su ostale telesne misli kojih je trebao tek da odbaci. Kroz ovo iskušenje Bog mu je dozvolio Faraonu Egipta da se prema njemu ophodi dobro. Bog je Avramu dao mnogo blagoslova uključujući i ovce i goveda i magarce i muške i ženske sluge i magarice i kamile.

Ovo nam govori da ako iskušenja dođu nama zato što se nismo povinovali mi treba da patimo u nevoljama, dok ako iskušenja dođu zbog telesnih misli mi još uvek nismo odbačeni, čak iako smo poslušni, Bog će uzrokovati da radimo za dobro.

Ovo iskušenje mu je omogućilo da samo kaže „Amin" i povinuje se u svemu a zatim mu je Bog zapovedio da prinese kao žrtvu paljenicu njegovog jedinog sina Isaka. U Postanku 22:1 čitamo: „Posle toga htede Bog okušati Avrama, pa mu reče:

„Avrame! A on odgovori: „Evo me."

Kada je Isak rođen, Avram je bio sto godina star a njegova žena Sara, je bila devedeset godina stara. Što se tiče roditelja bilo je svakako nemoguće da imaju dete ali samo uz milost i obećanje Božje, njima je sin rođen a sin je za njih bio vredniji od bilo čega drugoga. Pored toga, on je bio seme obećanja Božjeg. Zbog toga je on bio toliko začuđen kada mu je Bog zapovedio da prinese njegovog sina kao žrtvu paljenicu poput životinje! Bilo je to van bilo koje ljudske zamisli.

Međutim, zato što je Avram verovao da će Bog moći da uzdigne njegovog sina ponovo iz smrti, on je mogao da se povinuje zapovesti Božjoj (Poslanica Jevrejima 11:17-19). Sa druge tačke gledišta, zato što su sve njegove telesne misli bile uništene, on je mogao da posedue veru sa kojom je mogao da prinese njegovog sina Isaka kao žrtvu paljenicu.

Bog je video veru Avrama i pripremio je ovna za žrtvu paljenicu, kako Avram ne bi mogao da ispruži njegove ruke protiv njegovog sina. Avram je našao ovna sa upletenim rogovima u šipražju i uzeo je ovna i prineo ga kao žrtvu paljenicu umesto njegovog sina. I nazvao je to mesto „GOSPOD će se postarati."

Bog je zapovedio Avramu o njegovoj veri, rekavši mu u Postanku 22:12: „Jer sada poznah da se bojiš Boga, kad nisi požalio sina svog, jedinca svog, Mene radi." i dao mu je neverovatne blagoslove u stihovima 17-18: „Zaista ću te blagosloviti i seme tvoje veoma umnožiti, da ga bude kao zvezda na nebu i kao peska na bregu morskom; i naslediće seme tvoje vrata neprijatelja svojih. I blagosloviće se u semenu tvom svi narodi na zemlji, kad si poslušao glas Moj.

Iako vaša vera nije dostigla nivo Avramove, vi ste možda ponekad iskusili blagoslov „GOSPOD će se postarati." Kada se spremate da nešto uradite, vi nailazite da je Bog to već pripremio. To je bilo moguće zato što je vaše srce bilo po Bogu u tom momentu. Ako ste u mogućnosti da posedujete istu veru koju je imao Avram i u potpunosti se povinujete Bogu, vi ćete živeti u blagoslovu „GOSPOD će se postarati" bilo gde i bilo kada; kako je neverovatan život u Hristu!

Da bi dobili blagoslov Jehovah-jireh, „GOSPOD će se postarati," vi morate da kažete: „Amin" na bilo koju zapovest Božju i hodate u skladu sa voljom Božjom ne insistirajući ni malo na vašim sopstvenim mislima. Vi morate da steknete to priznanje od Boga. Zbog toga nam Bog jasno govori da je povinovanje bolje od žrtva paljenica (1. Samuilova Poslanica 15:23).

Isus je postojao po obliku Božjem, ali On nije smatrao jednakost sa Bogom kao stvar kojom treba da se hvali, već je On ispraznio Sebe, uzeo oblik obaveznog sluge i napravljen je u obliku čoveka. I On je Sebe ponizio i postao poslušan do smrti

(Poslanica Filipljanima 2:6-8). A što se tiče Njegove kompletne pokornosti, 2. Korinćanima Poslanica 1:19-20 govori: „Jer Sin Božji Isus Hristos, kojega mi vama pripovedamo, ne bi da i ne, nego u Njemu bi. Jer koliko je obećanja Božjih, u Njemu su da i u Njemu Amin, Bogu na slavu kroz nas."

Kao što je jedini začeti Sin Božji rekao samo „Da," mi moramo nesumnjivo reći: „Amin" na svaku reč Božju i Njega slaviti dok dobijamo blagoslov „GOSPOD će se postarati."

Avram je tražio mir i svetost u svemu

Zato što je smatrao reč Božju iznad svega drugoga i Njega voleo više nego bilo šta, Avram je samo rekao „Amin" na reč Božju i potpuno se njoj pokorio da bi mogao Bogu da udovolji.

Pored toga, on je postao u potpunosti posvećen i uvek je težio da bude u miru sa svima u njegovoj okolini, kako bi mogao da stekne priznanje od Boga.

U Postanku 13:8-9, on je rekao svom nećaku Lotu: „Nemoj da se svađamo ja i ti, ni moji pastiri i tvoji pastiri; jer smo braća. Nije li ti otvorena cela zemlja? Odeli se od mene; ako ćeš ti na levo, ja ću na desno; ako li ćeš ti na desno ja ću na levo."

On je bio stariji od Lota, ali on je dao Lotu priliku da izabere zemlju da bi stvorio mir i sebe žrtvovao. To je bilo zato što on nije tražio sopstvenu korist već za druge u njegovoj duhovnoj ljubavi. Na isti način, ako vi živite u istini, vi ne treba da se svađate niti da se hvalite sobom kako bi bili u miru sa svakim.

U Postanku 14:12, 16, mi nailazimo da kada je Avram čuo da je njegov nećak Lot zarobljen, on je postavio njegove obučene ljude, rođene u njegovom domu, tri stotine i osamnaest, i pošao je u potragu i povratio svo imanje i takođe je vratio njegovog nećaka Lota sa njegovom imovinom i takođe i žene i druge ljude. I zato što je bio u potpunosti čestiti i zato što je hodao pravim putem, on je dao Melhisedeku, kralju Salima, desetak svega što bilo određeno za Njega i ostatak je vratio kralju Sodome govoreći: „Ni konca ni remena od obuće neću uzeti od svega što je tvoje, da ne kažeš: „Ja sam obogatio Avrama"" (stih 23). Tako da, Avram nije bio samo u potrazi za mirom u svakoj stvari već je on takođe i hodao bez mana i na uspravan način.

Poslanica Jevrejima 12:14 kaže: „Mir imajte i svetinju sa svima; bez ovog niko neće videti Gospoda." Ja vam žarko zapovedam da razumete da je Avram mogao da dobije blagoslov Jehovah-jireh, „GOSPOD će se postarati," zato što je tražio mir sa svim ljudima i ispunio posvećenje. Ja vam takođe zapovedam da postanete ista vrsta osobe kao što je on.

Verovanje u moć Boga Stvoritelja

Kako bi dobili blagoslov „GOSPOD će se postarati," mi moramo da verujemo u moć Božju. Poslanica Jevrejima 11:17-19 nas uči: „Verom privede Avraam Isaka kad bi kušan i jedinorodnoga prinošaše, pošto beše primio obećanje, u kome beše kazano: „U Isaku nazvaće ti se seme." Pomislivši da je Bog kadar i iz mrtvih vaskrsnuti; zato ga i uze za priliku." Avram je verovao da će moć Boga Stvoritelja moći da učini sve mogućim, tako da je on mogao da se povinuje Božjoj zapovesti a da nije pratio telesne i ljudske misli.

Šta bi vi učinili da vam Bog zapovedi da date vašeg sina kao žrtvu paljenicu? Ako verujete u moć Božju sa kojim ništa nije nemoguće, ma koliko to nemilo bilo, vi ćete moći da se povinujete. Onda ćete vi dobiti blagoslov „GOSPOD će se postarati."

Kako je milost Božja bezgranična, On unapred planira, ispunjava i uzvraća nam sa blagoslovima ako se u potpunosti povinujemo a da nemamo ni jednu vrstu telesnih misli kao Avram. Ako imamo nešto što volimo više nego Boga ili kažemo „Amin," samo u stvarima koje se slažu sa našim mislima i teorijama, mi ne možemo da dobijemo blagoslov „GOSPOD će se postarati"

Kao što je rečeno u 2. Poslanici Korinćanima 10:5: „I svaku visinu koja se podiže na poznanje Božije i robimo svaki razum za pokornost Hristu," da bi primili i iskusili blagoslov „GOSPOD će se postarati," mi moramo da odbacimo svaku vrstu ljudske misli i posedujemo duhovnu veru sa kojom mi možemo da kažemo „Amin." Da Mojsije nije posedovao duhovnu veru, kako bi mogao da razdvoji Crveno more na dva dela? Bez duhovne vere, kako bi Isus Navin mogao da uništi grad Jerihon?

Ako se vi povinujete samo u stvarima koje su u skladu sa vašim sopstvenim mislima i znanjem, to ne može biti nazvano duhovna pokornost. Bog stvara nešto od ničega, tako da kako je Njegova moć ista kao snaga i znanje čoveka koji čini nešto od ničega?

U Jevanđelju po Mateju 5:39-44, čitajte sledeće. „A Ja vam kažem da se ne branite oda zla, nego ako te ko udari po desnom tvom obrazu, obrni mu i drugi. I koji hoće da se sudi s tobom i košulju tvoju da uzme, podaj mu i haljinu. I ako te potera ko jedan sat, idi s njime dva. Koji ište u tebe, podaj mu; i koji hoće da mu uzajmiš, ne odreci mu." Čuli ste da je kazano: „Ljubi bližnjeg svog i mrzi na neprijatelja svog." Ali Ja vam kažem, volite svoje neprijatelje i molite se za one koji vas proganjaju."

Koliko je drugačija ova reč istine Božje od naših sopstvenih misli i znanja? Zbog toga ja vam naređujem da ako čuvate u mislima da ako pokušate da kažete „Amin" samo na ono što je u skladnosti sa vašim mislima vi ne možete da ispunite kraljevstvo Božje i dobijete blagoslov Jehovah-jireh, „GOSPOD će se postarati."

Čak iako posedujete veru u svemogućeg Boga, jeste li bili u problemima, strahovima ili brigama kada ste se suočavali sa bilo kojim problemima? Onda, to ne može biti smatrano kao iskrena vera. Ako imate iskrenu veru, vi morate da verujete u moć Božju i da predate bilo koji problem u Njegove ruke sa radošću i zahvalnošću.

Da svako od vas računa najpre na Boga, postane pokoran dovoljno da kaže samo „Amin," traži mir sa svim ljudima u svetosti i veruje u moć Božju koji može da uzdigne mrtve ponovo kako bi mogli da dobijete i uživate u blagoslovu „GOSPOD će se postarati," u ime našeg Gospoda Isusa Hrista ja se molim!

Autor:
Dr. Džerok Li

Dr. Džerok Li je rođen u Muanu, Džeonam provinciji, Republika Koreja, 1943. godine. U svojim dvadesetim, Dr. Li je sedam godina patio od mnoštva neizlečivih bolesti i iščekivao smrt bez nade za oporavak. Međutim jednog dana u proleće 1974. god, njegova sestra ga je odvela u crkvu i kad je kleknuo da se pomoli, živi Bog ga je momentalno izlečio od svih bolesti.

Od trenutka kad je Dr. Li sreo živog Boga kroz to divno iskustvo, on je zavoleo Boga svim svojim srcem i iskrenošću, a u 1978. god., je pozvan da bude sluga Božji. Molio se revnosno uz nebrojene molitve u postu kako bi mogao jasno da razume volju Božju, u potpunosti je ispuni i posluša Reč Božju. Godine1982. je osnovao Manmin centralnu crkvu u Seulu, Koreja i bezbrojna dela Božja uključujući čudesna isceljenja, znaci i čuda se ot tada dešavaju u njegovoj crkvi.

U 1986. god. Dr. Li je zaređen za pastora na godišnjem Zasedanju Isusove Sungkjul crkve Koreje i četiri godine kasnije u 1990.god. njegove propovedi su počele da se emituju u Australiji, Rusiji i na Filipinima. U kratko vreme i u mnogim drugim zemljama, preko Radio difuzne kompanije Daleki Istok, Azija radio difuzne kompanije i Vašingtonskog hrišćanskog radio sistema.

Tri godine kasnije, 1993.god., Manmin centralna crkva je izabrana za jednu od "Svetskih top 50 crkava" od strane magazina Hrišćanski svet (Christian World) a on je primio počasni doktorat bogoslovlja od Koledža hrišćanske vere, Florida, SAD i 1996.god. Doktorat iz Službe od Kingsvej teološke bogoslovije, Ajova, SAD.

Od 1993.god., dr. Li prednjači u svetskoj evangelizaciji kroz mnogo inostranih pohoda u Tanzaniji, Argentini, Los Anđelesu, Baltimoru, Havajima i Nju Jorku u Sjedinjenim Američkim Državama, Ugandi, Japanu, Pakistanu, Keniji, Filipinima, Hondurasu, Indiji, Rusiji, Nemačkoj, Peruu, Demokratskoj Republici Kongo, Izraelu i Estoniji.

U 2002. godini bio je priznat kao „svetski obnovitelj" zbog njegovih snažnih sveštenićkih službi u mnogim prekomorskim pohodima od strane hrišćanskih novina u Koreji. Izvanredan je bio njegov „Njujorški pohod 2006. god" održan u Medison skver gardenu, najpoznatijoj svetskoj areni. Događaj je prenosilo 220 nacija a na njegovom „Pohodu ujedinjeni Izrael 2009. god." održanom u Međunarodnom kongresnom centru (ICC) u Jerusalimu on je hrabro oglasio da je Isus Hrist Mesija i Spasitelj.

Njegove propovedi emitovane su za 176 nacija putem satelita uključujući GCN TV i bio je svrstan kao jedan od top 10 najuticajnijih hrišćanskih vođa 2009. i 2010. godine od strane popularnog Ruskog hrišćanskog časopisa U pobedu (In Victory) i nove agencije Hrišćanski telegraf (Christian Telegraph) za njegovu moćnu svešteničku službu TV emitovanja i njegove inostrane crkveno pastorske službe.

Od Maja 2013.god., Manmin Centralna Crkva ima zajednicu od preko 120 000 članova. Postoji 10000 ogranaka crkve širom planete uključujući 56 domaćih ogranaka crkve i do sad više od 129 misionara su opunomoćena u 23 zemlje, uključujući Sjedinjene Države, Rusiju, Nemačku, Kanadu, Japan, Kinu, Francusku, Indiju, Keniju i mnoge druge.

Do datuma ovog izdanja Dr. Li je napisao 85 knjiga, uključujući bestselere: Probanje Večnog života pre smrti, Moj život Moja vera I & II, Poruka sa krsta, Mera vere, Nebo I & II, Pakao, Probudi se, Izraele! i Moć Božja. Njegove knjige su prevedene na više od 75 jezika.

Njegove Hrišćanske rubrike se pojavljuju u Hankok Ilbo, JongAng dnevniku, Dong-A Ilbo, Munhva Ilbo, Seul Šinmunu, Kjunghjang Šinmun, Hankjoreh Šinmun, Korejski ekonomski dnevnik, Koreja glasnik, Šisa vesti, iHrišćanskoj štampi.

Dr. Li je trenutno na čelu mnogih misionarskih organizacija i udruženja. Pozicije uključuju: Predsedavajući, Ujedinjene svete crkve Isusa Hrista; predsednik, Manmin svetska misija; stalni predsednik, Udruženje svetske hrišćanske preporodne službe; osnivač i predsednik odbora, Globalna hrišćanska mreža (GCN); osnivač i član odbora, Mreža svetskih hrišćanskih lekara (WCDN); i osnivač i član odbora, Manmin internacionalna bogoslovija (MIS).

Druge značajne knjige istog autora

Raj I i II

Detaljna skica predivne životne okoline u kojoj rajski stanovnici uživaju i prelepi opisi različitih nivoa nebeskih kraljevstva.

Moj Život, Moja Vera I i II

Najmirisnija duhovna aroma izvučena iz života koji je cvetao sa neuporedivom ljubavlju za Boga, u sred crnih talasa, hladnih okova i najdubljeg očaja.

Probanje Večnog Života pre Smrti, Moj Život

Zavetni memoari Dr. Džeroka Lija, koji je rođen ponovo i spašen iz doline senke smrti, i koji vodi primeren Hrišćanski život.

Mera Vere

Kakvo mesto stanovanja, kruna i nagrade su spremne za vas u raju? Ova knjiga obezbeđuje mudrost i smernice za vas da izmerite vašu veru i gajite najbolju i najzreliju veru.

Pakao

Iskrena poruka celom čovečanstvu od Boga, koji ne želi da ijedna duša padne u dubine Pakla! Otkrićete nikad do sad otkriveni iskaz o okrutnoj stvarnosti Nižeg Hada i Pakla.

www.urimbooks.com

www.ingramcontent.com/pod-product-compliance
Lightning Source LLC
LaVergne TN
LVHW061039070526
838201LV00073B/5102